知识就在得到

包刚升政治学讲义

LECTURES ON POLITICS

包刚升 / 著

新星出版社　NEW STAR PRESS

序　言

政治学是一门认知世界的必修课

打开这本书的你，可能心中带着些许困惑：政治是什么？政治学又是什么？

如果你认为政治只是一个专门的领域，是若干社会分工的一种，那它确实跟你关系不大，你可能在国际新闻上看看就可以了。

但是，这本书里讲的政治不是这样的，它是你**理解世界的一个重要窗口**。换句话说，如果你不了解政治，你对世界的认知就缺少了一个重要的视角。

比较一下政治学与经济学，你就会更容易理解这个问题。如果对经济学有所了解，你应该知道，经济学研究的是资源配置的学问，也就是在稀缺性条件下，人们怎么通过市场机制配置资源。但是，只要观察一下真实世界，你就会知道——这个世界很大一部分资源，其实不是由市场来配置的。

有的资源是靠权力来配置的，比如财政资金的分配；有的资源是靠先到先得的规则来配置的，比如在银行排队办事；有的资源是靠竞赛或考试来配置的，比如就读名校的资格；有的资源甚至是靠抽签来配置的，比如某些城市的车牌号。如果视野继续放大，人类历史上最具决定性的资源配置，其实是战争。

你看，这才是真实的世界。

只靠经济学理论，是解释不了这么多资源配置现象的。这个时候，你就需要看到那些更大、更有力的手，更基础、更宏观的框架，更复杂、更微妙的互动。这样，你就走到了政治学的山脚下。

在你看这本书的过程中，我会陪着你顺着这条山路往上走。一路上，你会发现一些你已经熟悉的名词，比如国家、权力、民主、自由、冲突、战争……但是，读完这本书，你一定会重新理解它们。

政治，其实是人类社会最硬的那一层壳。平时我们生活在其中，看起来似乎无力改变它，甚至都意识不到它的存在。但是，它就在那里，像地球磁场一样，决定着人们每一次努力的方向、底线和天花板，影响着人们每一次协作的边界、难易和成败。

政治的变动，可能发生在极深的地壳里，却会在人们的生活中掀起滔天巨浪。一群人，甚至是几代人的命运，从此面目全非。

你可能有着强烈的冲动要理解这个世界,你也可能对政治这个专门领域并无兴趣,但是,我还是想邀请你跟我一起,暂时跳到这层硬壳的外面——看看它的样子,想想它的逻辑,探究它的历史,了解那些曾经试图改变它的人。

当你登上了政治学这座山,再下山的时候,你观察这个世界的目光一定会更加犀利和深邃,因为你对政治的理解更加透彻了。

由于政治学这门学科经常被公众误解,在阅读这本书之前,你可能还会有一些疑虑。但是,请你放心,这本书不会用你熟悉的大众标准来界定政治,不会用过分理想化的方式来解读政治,更不会把政治学等同于简单批判现实的学科。

我要带你欣赏的,是政治学领域那些从古到今最经典的景观——

我会带你回到政治现场,看看以国家为基础的各种政治发明是怎样兴起的。

我会带你立足人性和人类面临的各种外部约束条件,考察人们在关键时刻是怎样做出政治抉择的。

我还会带你在理想与现实的狭小缝隙中,探究人类政治的改善有着怎样的可能性方案。

在你认真读完这本薄薄的小书后,我期待你能有五个方面的重要收获:

第一个收获，是结构化的认知。

外行看政治，看到的是一个个事件；内行看政治，看到的是事件背后的整个结构。换句话说，重要的不是一个个故事，而是这些故事发生在其中的整个政治系统。

读完这本书，在你的全新认知中，你原本所熟悉的世界将会成为一个高度结构化的世界。

第二个收获，是全新的思维模式。

如果说经济学作品的目标，是帮助你"像经济学家一样思考"，那么，政治学作品的目标，是帮助你"像政治学家一样思考"。

现代政治学的三种基本思维——国家思维、权力思维、因果思维将贯穿整本书，它们将帮助你理解林林总总的政治现象。你会明白，很多貌似不合理的现象背后，往往有着强大的政治动因。

第三个收获，是关键概念地图。

概念是认知的起点，概念也是思维模式的基础。很多人都知道一些政治学概念，但很多人所不知道的，是这些概念的缘起、演化与真实意涵，以及概念与概念之间的联系。

这本书为你准备了许多政治学专业概念，让你在观察世界时，能够手握一幅实用、清晰的概念地图。

第四个收获，是跟很多重量级的思想家成为朋友。

从孔子、韩非、柏拉图、亚里士多德、托马斯·霍布斯、约翰·洛克，到塞缪尔·亨廷顿、莫里斯·迪韦尔热、胡安·林茨、弗朗西斯·福山，他们如何思考政治，又如何提供政治解决方案？这本书将提炼人类历史上数十位思想家的政治智慧，一一呈现于你的面前。

第五个收获，是领导力的启迪。

政治常常都要面对一个个关键时刻，不得不做出一个个艰难而影响深远的抉择。所以，领导力的启迪，将会成为这本书的重要副产品。

当马歇尔大法官既要捍卫最高法院的地位，又要避免跟总统、国会发生正面对抗时，就需要非常高超的战略智慧；

当撒切尔夫人既要设法赢得选民们的支持，又要对积弊深重的福利制度进行改革时，就离不开领导力这项关键素质。

这本书的案例，将成为你研习战略思考与领导力的重要素材。

这本书的底稿是我在得到 App 主讲的音频课程《政治学通识 30 讲》。尽管我是一位长期研究和讲授政治学的教授，但是，当我接受罗振宇老师的课程邀请后，还是遇到了不小的挑战。我是一个习惯于在书斋里写作、在真实课堂上讲学的学者，用短短十几分钟的音频，不借助面对面的互动，把一个个重大的政治学问题讲清楚、说明白，其实并不容易。

为了让用户有最好的体验，我用了整整一年时间来构思课纲、起草文字，不断推倒重来、反复修改、推敲打磨。得到要求的，其实是把我的生平所学与专长，用最精炼的篇幅，以最适合音频环境的讲述方式，提供给各位用户。经过我跟得到 App 编辑团队的不懈努力，2019 年 4 月，我主讲的《政治学通识 30 讲》终于上线了。现在，这门课程已经拥有了超过 40000 名学员，点击学习量已经突破 100 万人次。

从 2022 年下半年开始，得到图书团队对《政治学通识 30 讲》的音频讲稿进行了整理与编辑，在此基础上，我再根据学术规范进行修订和润色，这样，《包刚升政治学讲义》终于成型了。

如果还有什么需要交代的，我在序言中还想说："政治是一种平衡的艺术（art of balance）。"从抽象原则上说，政治关系到有效国家与约束国家的平衡、自由与权力的平衡、公众政治与专家治国的平衡、精英与大众的平衡、参与性与有效性的平衡，等等。从具体政策上说，政治关系到中央与地方的平衡、利益与德行的平衡、效率与福利的平衡、统一性与回应性的平衡、长期与短期的平衡，等等。总之，政治是一种平衡的艺术。

激动人心的政治学之旅即将启航，你准备好了吗？

包刚升

2024 年 2 月 10 日于北京

目 录

序章
重新认识政治学

缘起 | 为什么海盗船上实行民主制度　3

乱局 | 1787 年的美国是如何克服政治困境的　9

01
权力如何管理社会

国家 | 为什么人类都以国家作为统治形式　21

战争 | 为什么说战争塑造了国家　28

君主制 | 为何这一模式可以延续数千年　34

官僚制 | 为何问题重重却难以改革　41

暴力 | 为何内战难以用和平的方式解决　48

02
社会如何控制权力

城邦 ｜ 雅典的民主尝试为何没有成功　57

共和 ｜ 混合政体如何解决民主制的缺憾　64

立宪 ｜ 政治权力是如何被驯服的　73

议会 ｜ 作为政治平台的议会是如何生长的　81

民主 ｜ 现代民主是如何成为可能的　89

制衡 ｜ 司法审查为何能约束民主权力　96

03
制度设计的政治智慧

政府形式 ｜ 议会制好，还是总统制好　107

政党制度 ｜ 政党为什么会兴起　114

国会选举 ｜ 为什么选举制度能左右政党体制　121

总统选举 ｜ 制度设计是如何塑造政治共识的　129

央地关系 ｜ 分权模式好，还是集权模式好　136

04
政治中的分歧与冲突

自由 | 自由与权力的合理边界在哪里 **145**

干预 | 为什么明知未必有效，政治家仍会选择干预 **152**

福利 | 为什么福利国家并不总是受到欢迎 **159**

公债 | 为什么很多民主国家都深陷主权债务危机 **166**

移民 | 更寻求人口同质性，还是更包容多样性 **173**

05
发展中国家的政治发展

共同体 | 为什么有些发展中国家易陷入政治危机 **183**

发展 | 为什么落后国家的发展容易陷入停滞状态 **190**

增长 | 为什么有的威权主义政体能创造经济奇迹 **197**

转型 | 为什么不少国家会遭遇民主转型的难题 **204**

分歧 | 财富结构如何塑造发展中国家的政治 **212**

结语
思维模式与政治经验

思维 ｜ 如何像政治学家一样思考　221

法则 ｜ 人类历史提供了何种政治经验　228

参考文献　235

序章

重新认识政治学

从很大程度上来说，人们对政治的理解是被大众文化塑造的。说到政治，人们首先想到的可能是日常生活中谈论的那种政治，或者是充满了本能反应、八卦风格或简单道德判断的那种政治。但在这本书里，你将看到的是作为一个学科的政治，是被亚里士多德称为"最高学科"的知识体系，它经由无数思想家、哲学家以及后来的社会科学家积累了2000多年才得以形成。

在本书的序章，我会从一个反常识的现象入手，为你引入政治学的思维模式——在17、18世纪的大西洋上，部分海盗船上实行的竟然是民主制度。为什么海盗船上实行民主制度？在海盗船上，个体力量在权力结构中扮演着何种角色？如何理解这种民主的"海盗起源"？

随后，我还会带你考察一个"关键时刻"的政治场景，即1787年美国的制宪时刻。在严重的政治危机下，美国的政治精英们进行了何种政治博弈？他们是如何克服这场政治危机的？背后的关键逻辑又是什么？

缘起

为什么海盗船上实行民主制度

你可能看过著名的电影《加勒比海盗》。这是由华特迪士尼公司制作的一系列奇幻历险影片,主角是热爱自由、既智慧又勇敢的杰克船长。即便没看过电影,你可能对杰克船长的形象也并不陌生——戴着海盗头巾,绑着雷鬼辫,画着烟熏妆,一副疯疯癫癫、亦正亦邪的样子。

不过,这个系列电影将海盗的形象戏剧化了。一般来说,海盗船长给人留下的印象都是残忍、血腥、霸道的,他们往往杀伐决断、独断专行。这样的形象和"黑社会头子"很是相像,甚至可以说,我们通常就是按照"黑社会头子"的形象来想象海盗的。

但是,真实的海盗果真如此吗?

海盗船上的民主制

事实上，海盗跟海盗也是不同的。在大西洋海盗的鼎盛时期，大约17世纪晚期到18世纪早期，有的海盗船上实行的竟然是民主制度。[1] 这几乎比美国、英国的普通平民拥有投票权还提前了100多年。

为什么有的海盗船会实行民主制度呢？这就需要深入当时的实际情境去一探究竟。

首先，我们得知道，海盗抢劫商船并不是一件容易的事。商船也不是吃素的，它们往往配有武器装备。欧洲国家还经常有海军在大西洋上巡逻，海盗一旦被抓到，就会被判处绞刑。海盗们干的是一项风险极高的业务。

其次，海盗打仗和军队不一样，没有大后方提供补给。对海盗来说，那种杀敌一千、自损八百的仗，他们是不会打的，也打不起。

最后，海盗团伙的规模一般不会很大，他们不可能像一支正规军队那样拥有大量的成员和强大的战斗力。

这些都是他们必须面对的非常不利的外部条件。这些不利条件决定了海盗团伙不仅要进行高效的战斗，还一定不能发生内讧，否则他们就会面临极大的风险。所以，海盗团伙内部必须进行非常有效的统一协调。这个统一协调其实就是一个政治问题。

从政治学角度来看，要解决这个问题，海盗船上的成员之间需要形成一种权力结构。有意思的是,海盗船上的权力结构和普通商船很不一样。

普通商船的权力结构跟我们今天熟悉的公司非常相似:有明确的船东或股东,船长由他们任命,船长在船上一言九鼎。换句话说,商船船长是比较"独裁"的——这就如同今天许多公司或组织的一把手,他们在公司或组织内部也是比较"独裁"的。由于商船船长比较"独裁",他们就容易滥用权力,比如克扣船员工资,降低伙食标准,等等。

有一项研究较为系统地讨论了当时商船上船长与船员之间的权力与反抗关系,记录了诸多船长对船员使用暴力与威胁的案例,诸如鞭笞船员致死等。1721年,有一名船员被船长用"马林鱼刺"鞭打致死;1733年,又有一名船员被船长交替使用"牛脚"、粗树枝等鞭打致残。[2]

海盗船长则不然。近代大西洋海盗的部分政治秘密,是被美国新闻调查记者科林·伍达德揭开的。他在2007年出版了一本名为《海盗共和国》的书。虽然这本书颇具争议,但好在伍达德的研究是建立在档案的基础上的。[3]

伍达德发现,海盗船的权力结构跟我们一般人想象的很不一样。简单地说,它有三个主要特征:第一,海盗们以民主方式召开船员大会,投票选举船长;第二,海盗们通常以比较平均的方式分配战利品;第三,海盗们还会通过民主方式对重大问题做出决定。

1694年,"幻想号"海盗船上发生了一次选举,著名的海盗亨利·埃弗里当选为船长。当时的情景和今天的民主选举差不多。埃弗里向全体船员提交了一份计划,进行了公开演说,获得了多数船员的支持。这样,他才能做这艘船的船长。

这艘船上的分配规则也是比较平等的。船长会拿普通船员2倍的收入,船副会拿普通船员1.5倍的收入,而其他所有普通船员的收入都是一样的。与此形成对比的是,当时的大部分商船,船长的收入往往是普通船员的10倍或10倍以上。

这艘海盗船的决策规则也很有意思。在平时,重大问题,包括要去哪里抢劫,要攻击哪些商船,如何处置囚犯等,都是以民主投票的方式来做决定;可一旦进入战斗状态,船长就拥有绝对权威,必须指哪儿打哪儿。

对比一下,这是不是和现在的民主政体有点像?

海盗船上的政治学

为什么商船一般实行独裁者统治的模型,而伍达德研究的海盗船实行的却是民主制度呢?

根据我们过去知道的理论,经济发达的地方、文化教育程度高的地方,或者市民社会比较成熟的地方都更容易实现民主。但是,海盗船上的民主制却提醒我们,民主的出现可能另有原因。

实际上,海盗船恰恰给我们提供了一个考察民主起源的有趣样本。政治学视角的一个理论猜想是：**当一个群体的成员在力量或者实力上更均等时，这个群体更有可能实行民主制**。具体来说，跟商船相比，海盗船的船员之间更接近一种力量或实力上的均势结构，二者有着显著不同。

第一，产权不同。商船一般都有明确的产权归属，船和货物归船东还是归托运人，都很明确。而海盗船上的东西都是抢来的，并没有明确的产权归属，海盗船上实行的制度类似于会员制——海盗之间的共有产权制。

第二，武力结构不同。在商船上，常规情况下，只有少数人持有武器。但在海盗船上，每个船员都有武器，船员与船员之间的实力差距非常小。就算船长武力过人，但他总有转身的时候吧？如果大家都不服他，只要他一转身，就会暴露在其他人的枪口之下。

基于以上两点，海盗船的政治结构要想稳定，就必须依赖多数成员对船长的自愿服从与认同。这是海盗船能够实现民主制的主要逻辑。

第三，风险不同。海盗船的风险非常高，要想提高海盗的生存概率，特别是在技术装备相似的条件下，就非常需要"杰出人才"的加入。而当一艘海盗船内部权力更民主、分配更公平时，就更能吸引能干的海盗入伙。

我们观察一下现在的公司，那些风险高、创新需求大、对人才严重依赖的公司，往往内部气氛比较民主。这其实跟海盗船的管理逻辑是相似的。

◆◆◆

在本书第一节,之所以要先讲海盗船的故事,是想说明三个重要观点。

首先,大众文化对政治的想象可能既不符合事实,也不符合逻辑,而只是在讨好我们的情感和本能。学习政治学,就是要用理性和逻辑来摆脱大众文化对我们政治观念的塑造。

其次,政治无处不在,不仅国家有政治结构,公司、家庭和一切人类组织中都有政治结构。

最后,政治规则不是由人的主观意愿决定的,而往往是由这个群体所面临的约束条件决定的。并不是说一些人喜欢什么样的政治规则,就能拥有什么样的政治规则。海盗头子喜不喜欢民主,和海盗船上是否实行民主完全是两回事。

乱局

1787 年的美国是如何克服政治困境的

大众文化倾向于告诉我们，政治状态是由人的主观意愿决定的。但政治学不这样看问题。

为了让你深入理解这个问题，我们要进入美国 1787 年的制宪时刻，分析一下从良好的主观意愿到冷峻的政治现实之间的距离到底有多远，以及如果政治问题没有解决好，一个国家可能会陷入怎样的困境与危机。

美国是一个建国仅 200 多年的年轻国家，虽然它今天是世界上最强大的国家，但却并非历来强大，甚至在建国之初还遭遇过一场严重的政治危机。而这场政治危机的解决，靠的就是制宪。

独立战争之后的政治困境

我们都知道,美国人很骄傲自己有一部成功的宪法——1787年《美国宪法》。这是人类世界的第一部成文宪法,从200多年前一直沿用至今,而且大体上保持了稳定。应该说,这是一个很大的成就。

但是,你有没有想过另一种可能性?如果美国在1787年召开的制宪会议没有成功,早期的美国甚至可能会沦为一个失败国家(failed state)。政治学定义的失败国家,一般是指国家或政府失去统治能力,无法有效行使基本职能,甚至无法维持基本的安全、法律与秩序。这样的国家通常存在政治腐败、社会分裂、暴力冲突,甚至内战等严重的问题。[4] 对1787年的美国来说,说它可能会沦为失败国家绝不是胡乱猜测,而是确实有可能发生的。

1783年,美国独立战争取得胜利。英国人被赶跑,美国军队解散,大陆军总司令乔治·华盛顿也解甲归田。那么,美国从此就会走上一条自由和繁荣的强国之路吗?当然不是。从1783年到1787年,虽然只有短短四年,但美国给世界留下了一个非常有趣、独特的历史标本。我们可以看到,一个后来如此强大的国家,在那个历史的小缝隙里,曾经是多么险象环生。

当时的大背景是,独立战争之后,美国实现了独立,但并没有完成建国。[5] 13个州只是一个松散的邦联,还不是现在意义上的现代国家。这就造成了四个问题。

第一，美国有国会，但国会没有权力。比如，国会并没有直接的征税权，也没有关税管理权。当时的关税管理权被视为州权，而有的州竟然要对跨州的货物征收关税。这使美国看上去不像一个统一的国家。我们可以想象一下，如果现在有一个国家，它的某些地方政府要对来自本国其他地方的货物征收关税，这会是一个怎样的国家呢？

第二，美国有财政，但财政没有钱。七年的独立战争花了不少向老百姓借来的钱，但国会没有直接的征税权，于是，怎么偿还战争欠债就成了一个问题。可以说，美国在起步阶段就面临着严重的公债危机。

第三，美国有国家，但国家没有权威。当时各州之间还时常发生冲突，但实行邦联体制的美国没有能力协调这些冲突。比如，马里兰州和弗吉尼亚州曾因波多马克河上的航行权与贸易问题而产生纠纷，但美国政府无力解决。

此外，美国在外交上还面临着许多难题。当时美国驻英大使约翰·亚当斯跟人抱怨，如果美国要跟英国或法国签订条约，这个条约需要得到13个州的一致同意才行。这样，其他国家还怎么把美国当成一个国家，跟它搞外交呢？

这些问题让当时的美国看上去就像一个"失败国家"。

震动美国的谢司起义

美国当时的政治状况糟糕到什么程度呢？只要看一个事件就明白了，因为重大事件往往是我们观察政治的重要窗口。这个事件，就是 1786 年的谢司起义。

谢司起义的起因其实很普通：马萨诸塞州一些农民有一种惯常的做法，那就是在经济不景气时向商人或商业机构借款，然后在收成较好的时节偿还债务。1783 年独立战争结束时，美国货币供给紧张，导致这一信贷系统出现了问题。而农民一旦不能靠这一系统的良性运作还上欠款，就有可能失去自己的土地与其他财产——这意味着有些农民可能会倾家荡产。在这种情况下，以丹尼尔·谢司为首的一批农民聚集在地方法院门口，试图阻止法院拍卖他们的土地，结果引发了冲突，并最终演变为一场农民起义。

虽然谢司起义最后被武力镇压了，但它对当时美国政治家的心理冲击是很大的。比如，华盛顿就从谢司起义中看到了美国政治结构存在的深层问题。他写信给后来曾出任美国联邦最高法院首席大法官的约翰·杰伊说，美国的政治危机源自邦联体制，美国国会必须拥有比目前的国会更多、更大的政治权力，只有这样才能克服美国政治的危机。[6] 后来，他又在写给曾任美国第四任总统的詹姆斯·麦迪逊的信中感叹，美国邦联体制带来的后患已经太过明显，只有制定一部自由且充满活力的宪法，并保障它的权威和实施，才有可能改变这种状况。[7]

华盛顿为什么这么说？谢司起义的源头不过是一场普通的债务纠纷，如果当时的美国拥有完善的政治结构和适当的国家能力，从农民方面看，他们不至于一遇到问题就开始抗议，一开始抗议就诉诸暴力冲突与叛乱；从国家方面看，政府也不至于一遇到这类问题就通过暴力镇压的手段来解决，如果政府提供足够的信用工具，大概率就能防止农民暴乱的发生。

政治固然离不开暴力，但暴力应该是最后的手段。政治运转良好的表现之一，就是暴力像核武器那样，存而不用，只是威慑。所以，谢司起义告诉当时的美国政治精英：不是这批农民的生计出了问题，而是这个国家的政治出了问题。

到了第二年，也就是1787年，美国的政治精英终于坐不住了，他们决定召开一次会议来解决这个问题。这就是著名的"制宪会议"。

制宪为什么那么难

关于制宪会议，具体过程就不展开讲了。如果你感兴趣，可以去读一读詹姆斯·麦迪逊的《辩论：美国制宪会议记录》一书。[8]麦迪逊是当年制宪会议的与会者之一，他白天边开会边做记录，晚上整理记录的材料，制宪会议的很多关键细节都被记录在这本书里，非常精彩。

需要注意的是，我们不能低估当年这50多位美国精英面临的困难。要知道，从概率上看，一个国家制定一部新宪法的成功率并不高，而新宪法要存活下去更是不容易。美国得克萨斯大学奥斯汀分校的一项研究指出，全世界所有成文宪法寿命的中位数只有19年。[9]也就是说，一部宪法，平均坚持不到一代人的时间。

为什么这么难呢？我们还是回到美国制宪会议这个标本上。美国国父们当时面临的主要挑战有三个。

第一个挑战，是大州与小州的权力配置问题。

当时美国有13个州，它们大大小小，规模不一。这就造成了一个空间权力分配上的矛盾——小州怕受大州欺负，大州怕自己的地位和实力不相称。从更技术的层面来说，小州希望重要政治权力的分配实行一州一票制，大州则希望根据人口与面积来分配国家权力。实际上，所有国家都存在地方和地方、地方和中央之间的权力平衡问题。

为了解决这个问题，制宪会议想出了一个制度设计方案——两院制。参议院按照州来选代表，每个州均有两个席位；众议院按照人口来选代表，州人口多，议员席位就多。国会的所有立法，都需要两院分别批准才能生效。这就巧妙地解决了这个空间权力分配上的难题。

第二个挑战，是宪法灵活性的问题。

宪法能不能改？在什么条件下能改？该怎么改？这实质上是

一个时间维度上的矛盾。这里的时间维度上的矛盾，就是指1787年制宪会议制定的这部宪法究竟可以管多久。这也是宪法的稳定性与灵活性之间如何平衡的问题。

制宪会议上最后博弈出来的结果是：一方面，美国宪法大概是世界上最难修订的一部宪法，修正案需要经两院至少2/3的成员同意，或者至少2/3的州提出，然后再由至少3/4的州批准，这使得美国宪法具有很高的稳定性。另一方面，到目前为止，美国宪法已经通过了27条修正案，证明这部宪法具有相当程度的灵活性，而这使得这部看起来有些僵化的宪法可以做到因时而变、与时俱进。实际上，在美国主要政党和不同地区的人民对修宪达成广泛共识后，宪法就能进行修订。当然，具体的修宪过程还是很复杂的。这既需要政党之间的有效协商与政治对话，形成实质上的政治共识，又需要在程序上达到一定的门槛要求。

第三个挑战，是怎么保证这个新的中央政府既拥有权力，又受到限制。

这是政治领域最难处理的一个问题，几乎是一个既要马儿跑，又要马儿不吃草的难题。如果不给中央政府权力，这个制宪会议就没有必要召开；如果给予过大的权力，人们又担心国家权力作恶。这有点像我们今天面对人工智能的态度，又想发展它，让它造福人类；又担心它失控，最后祸害人类。我把这个问题称为政治学上的"权力悖论"。

针对这一悖论，制宪会议想出了一套非常复杂的制度安排。

简单地说，宪法既赋予了总统和国会巨大的权力，又设计了一套分权制衡系统——横向的分权制衡即三权分立，纵向的分权制衡即联邦制。

从此，美国就像一辆完整的汽车，既有能驱动它运转的动力，又有刹车装置，还能根据路况及时做出调整。

了解了美国制宪会议的具体情境后，我们可以看看美国建国初期面临的这三大挑战本质上到底是什么。

大州与小州的权力配置问题其实是空间上的矛盾，它涉及不同利益板块之间要怎么平衡；宪法灵活性的问题其实是时间上的矛盾，它涉及原则和变通之间要怎么平衡；而保证中央政府既有权力又受限制，涉及的是权力要有效和权力要受制约之间该怎么平衡。理解了这三大挑战背后的问题，也就理解了所有时代、所有国家、所有人群的基本政治困境。

◇◇◇

从美国制宪这个案例可以看到，任何看起来美好、纸面上正确的政治原则，要想在真实的政治世界中落地，并不容易。政治建构是一个非常实践性的、具体的、细微的，甚至是技术性的过程。

我们现在看到美国宪法运行得不错，当然可以"事后诸葛亮"地说，它什么制度设计得好。但其他国家即使照搬这些制度，要想成功也并不容易。比如，美国制宪 30 年后，很多拉丁美洲国家纷纷模仿美国制宪，但都没有很成功。

所以，好的政治不是写在书上的抽象原则，它更像一块钟表，要先立起一个大体有效的结构，找到一个大体正确的方向，然后一点点地微调出来。这就要求一个国家的政治精英们直面问题、有效思考、正确行动。而这决定了政治不只是原则，更是实践智慧。

01 权力如何管理社会

美国第四任总统詹姆斯·麦迪逊曾经写道："在组织一个'人统治人'的政府时，最大困难在于，首先必须使政府能够控制被统治者，其次要使政府能够自己控制自己。"[10]这里所说的政府控制被统治者的问题，就是权力如何管理社会的问题。

讨论权力如何管理社会，一定离不开国家这种统治形式。国家是什么？它是如何兴起的？战争在国家的兴起中扮演了什么角色？国家兴起之后，为什么普遍采用君主制政体？在君主制之下，官僚制又是如何运作的？为什么有的国家时常陷入内战，甚至难以自拔？这都是与此相关的重要问题。

总的来说，本章会重点讲述五个问题，分别是国家、战争、君主制、官僚制与内战。下面我们就一起来看看吧。

国家

为什么人类都以国家作为统治形式

打开世界地图,你会发现,今天的世界是由一个个国家组成的,我们常常称之为民族国家组成的国际体系。这一节,我们就先来看看,为什么人类的统治统一于国家。

经济学背后的政治学

英国经济学家亚当·斯密有一个著名的理论:只要有了自由市场、自由交易,就会有一只"看不见的手"来调节人们的利益;即使每个人都是自私的,也不妨碍正常的市场运转与财富创造。

但问题随之而来:如果市场完全可以依靠自我调节,那么人类社会只要有企业和消费者不就可以了，为什么还需要有国家呢？

如果顺着亚当·斯密的理论一直往前追问，你会发现，这个理论需要一个前提——每个人都采取合作态度，遵守一套互为有利的规则。亚当·斯密的预设是，每个人都会根据市场规则所指引的方向来从事对他人有利的生产性行为，进而能够实现自身的利益，而不会去从事偷盗、掠夺等非生产性行为。

但问题是，所有人都会这么做吗？当然不会。如果市场中的个体不遵守规则，彼此不合作，甚至发生冲突，该怎么办呢？举个例子。你到菜市场买菜，这是个很简单的交易，一手交钱一手交货，交易双方只有你和卖菜的小贩，交易金额也不大。可是，如果你把钱付了，小贩非说你没给，就是不把菜给你，你怎么办？你可能会说，不会的，小贩怎么可能这么做。那请问，小贩为什么不会这么做？你可能会说，因为菜市场有保安。保安也许个头很小，没有菜贩子强壮，但保安背后还有警察，警察背后还有整个国家的力量。

你看，即使只是买菜这么简单的事情，国家的力量也在暗中发挥着作用。换句话说，正是因为人们知道，国家就算不直接干预，它也总是在场，市场交易才能顺利进行。可见，国家的存在是非常必要的。

那么，是谁第一次在学理上论证了国家的必要性呢？是英国近代大哲学家托马斯·霍布斯。

国家的必要性

霍布斯于 1588 年出生，1679 年去世，享年 91 岁，在那个年代可以说是非常长寿了。而且，他经历了英国历史上最风云变幻、跌宕起伏的时代——他经历过 1642—1651 年的英国内战，目睹过查理一世上断头台，还亲历过克伦威尔执政时期。正是因为亲身经历过这些政治动荡，霍布斯开始思考国家权力的本质。

在霍布斯之前，政治学家们主要思考的问题是：什么样的政治才是好政治？这个问题有一个前提，就是国家肯定存在。但很少有人会追问，国家为什么一定会存在。

霍布斯认为，由于资源有限，如果没有国家，人们会为了争抢有限的生存资源而互相敌对，甚至出现"每个人对每个人的战争状态"——在思想史上，这是霍布斯最著名的招牌概念。而国家的存在，就是为了让人们摆脱这种"每个人对每个人的战争状态"。

具体怎么解决这个问题呢？答案是，建立一个统治机构，这个统治机构应该具有压倒性的力量优势，有能力制止所有人之间的互相侵害行为。这个统治机构被霍布斯称为"利维坦"。"利维坦"原本是犹太教《圣经》中描绘的一种海中巨兽，霍布斯用它来比喻国家的力量必须非常强大。[11]

在今天看来，你可能不会觉得霍布斯的这个逻辑有什么了不起的，毕竟这个理论已经成为很多教科书的一部分了。但在 300

多年前，这可以说是一个横空出世的理论。当时，所有谈论政治的人都把国家当作一个病人，试图给这个病人开药方。霍布斯却站出来说，你们别忘了，国家本身就是一味药，它要治的是人类社会更根本的一种病。这个提醒，在当时是振聋发聩的。

国家的基本特征

为了避免陷入"每个人对每个人的战争状态"，国家必须存在，可到底什么是国家呢？一般来说，国家有三个基本特征。

第一，国家要有强大的暴力资源，也就是具有压倒性的力量优势。这样，国家才有能力制止所有人之间的互相侵害行为。正因如此，国家往往都有军队、警察等武力部门。

第二，国家对暴力资源的掌握应该具有垄断性。这一点最直接的表现形式，就是国家都需要对境内的军队、警察等武力部门实行纵向一体化的管理。因为如果有两个以上的机构来掌握暴力资源，一旦彼此意见不一致，就容易引发冲突，甚至爆发内战。

第三，国家要具有合法性。这一点理解起来可能不太容易。

人类社会处理冲突的原始经验，一般是谁的暴力水平高，谁就说了算。但是，我们不能只用这种原始经验来理解国家这种巨大的暴力存在。如果一个国家仅仅凭借暴力而存在，它的统治成本就会非常高，这样的国家往往也是高度不稳定的。

举个例子。即使是历史上最强大的国王，他身边也一定有带着刀枪的护卫。不管这个国家的暴力水平有多高,当国王和带刀侍卫单独在一起时,国王个人的暴力水平通常是比不上侍卫的。那他凭什么相信侍卫会保护他,而不会加害于他,甚至取而代之呢?

这可不是理论推演。实际上,中国的南北朝和五代十国时期,以及罗马帝国晚期,都曾反复上演过这样的戏码。如果统治者身边的人对他没有自愿的服从,就很容易发生弑君事件,国家也很容易陷入动荡。

到此,我们就可以给"合法性"下一个定义了。简单地说,合法性就是人们心中对国家、统治和权力的内在认同与自愿服从。当然,不同类型的国家,寻求的是不同类型的合法性。有的国家是所谓的"君权神授",有的国家是民主选举。就算是梁山好汉,也要打出"替天行道"的旗号。

掌握暴力、垄断暴力、拥有合法性,把国家的三个基本特征加起来,"国家"的定义也就出现了:**国家是一个合法垄断暴力的机构**。[12] 这个定义来自德国著名社会学家马克斯·韦伯,它意味着,一个政治组织只要具备这三个基本特征,它就是一个国家。

国家是个昂贵的"奢侈品"

国家是什么样子我们知道了,接下来的问题是:在什么条件下，国家才会出现？如果要对这个问题进行全面的理论分析，还是相当复杂的。最简单的回答是，一个社会必须发展到一定的程度才行。因为国家是需要成本的——有国家，就意味着有相当规模的军队和官僚机构，而这些都需要一个社会用经济资源去供养。

早期国家普遍兴起在大河流域，比如尼罗河流域、两河流域和黄河流域。因为只有在大河流域，农业文明的发展程度才比较高，人口规模才比较大，才能为国家运转提供所需的经济资源。这也正好说明，国家其实是一个成本很高的政治发明。国家固然解决了人类社会面临的一个重大政治问题，但它并不是免费的。而且随着时间的推移，我们会看到，越复杂、越现代的国家，其成本就越高。

那么，国家的钱又是从哪里来的呢？历史上，固然有游牧民族用"以战养战"的方式来维持国家运转的特例，但大部分国家都需要依赖税收。

在汉代早期，税负最轻的时候，是"三十税一"，相当于3%左右的税率。东汉初年一度还实行过"十税一"，相当于10%的税率。这大概就是古代国家可参考的税率范围。

现代国家的税率往往要高得多。西方国家有一个概念叫"纳税自由日"，大概意思是，一个普通人从每年的1月1日开始工作，全部收入都作为税收上缴，工作到哪一天之后的收入全归自己，哪一天就是自己的纳税自由日。比如，美国的纳税自由日大概是四月份的某一天。在北欧国家,这个日子要延后一些。也就是说,全体国民要拿出四分之一,甚至更多的收入,才能供养得起国家。所以说,古代国家的成本不低,现代国家更是一个昂贵的奢侈品。

◇◇◇

了解了国家的逻辑,我们可以建立起两个思维方法。

第一,边界思维。任何理论都有其边界条件和适用范围。在物理学领域,我们都知道牛顿的理论很伟大,但牛顿的理论是有其边界条件的。比如,当物体的运动速度逐渐接近光速时,牛顿运动定律就失效了。一旦超出这个边界条件,我们就要用到爱因斯坦的理论了。社会科学也一样。亚当·斯密的经济学理论也是有边界条件的。如果到处都是从事抢劫的"看得见的手","看不见的手"就不会起作用了。

第二,变量思维。很多时候,政治现象往往是其他社会因素变动的结果。比如,没有一定量的财富积累,就不会出现国家,因为任何国家都需要以相当的财政资源来支撑。

战争

为什么说战争塑造了国家

霍布斯认为,国家的兴起是为了克服"每个人对每个人的战争状态"。但需要注意的是,我们只是借助霍布斯的学说,从逻辑上推演了这个问题,归根结底,它只是一个思想实验。因为人类历史上从未出现过所谓的"每个人对每个人的战争状态",即便是黑猩猩的部落也不会如此。

那么,在真正的历史过程中,国家到底是怎么来的呢?

国家发育"三件套"

前文讲过美国制宪的故事。美利坚合众国的诞生是因为制宪会议，制宪也因此成为后来各国建国的规定动作——凡是建立国家，首先要制定一部宪法。但这样一来，容易给人一种错误印象，好像国家都是人为设计的结果。

美国有一位重要的政治社会学家查尔斯·蒂利，他一生写了很多书，并提出了一个重要观点——**国家构建或国家构建的根本动力，不是人为设计，而是战争**。蒂利的学说非常有说服力，这是他观察欧洲历史得出来的结论。[13]

但在我们的印象里，战争都具有破坏性，怎么会成为国家形成的驱动力呢？举一个古代中国的例子，你就能明白这背后的道理了。

中国历史上的战国时代与欧洲现代国家形成的时期最为相似。战国时，商鞅在秦国大搞变法，废井田、开阡陌，废除贵族制度，建立官僚体系，使秦国的国力空前强盛。但秦国变法其实是不得已而为之。从公元前419年到公元前386年这30多年，秦国在河西一带的一系列战役中多次败给魏国，元气大伤。如果不变法，秦国甚至有可能会亡国。

魏国当时的国力如日中天。它的精锐部队叫"魏武卒"，是魏国名将吴起训练出来的重甲步兵，号称"大战七十六，全胜六十四，其余不分胜负"[14]。当时的秦国根本不是魏国的对手。而魏国之所以强大，是因为它早在商鞅变法之前就率先进行了变法——李悝变法。当然，魏国变法也是迫不得已，因为它旁边有一个积极推行变法的韩国。

从地理位置上看，韩国几乎占据了当时中国版图的中心。但这可不是什么好事，因为这意味着四周都是敌人。用政治学的话语来说，韩国是一个地缘政治压力极大的国家。正因如此，韩国的兵器制造业非常发达，最早演化出了"强弓硬弩"，号称"劲韩"。据《史记·苏秦列传》记载："以韩卒之勇，被坚甲，跖劲弩，带利剑，一人当百，不足言也。"简单地说，就是韩国军队武器精良，士兵勇猛，战斗力极强。

如果你是魏国的统治者，旁边有这么一个凶悍、勇猛的邻居，会不会感到恐惧？如果感觉恐惧，你会怎么办？在当时的情境下，魏国想到的办法是变法。而魏国一强，又逼着它旁边的秦国走上了变法之路。

所以，各国的变法改革不是一个由主动的人为设计来改造国家的过程，而是一根环环相扣的链条，国际竞争传导军事压力，倒逼内政变革。

这根链条的第一个环节是军事改革。国家最大的问题是怎么建立一个高效的指挥系统，怎么奖励军功，怎么起用年轻有为的将领，等等，这些都需要军事方面的改革。比如，秦孝公时期商鞅变法的一个重要做法，就是废除"世卿世禄"制度，按军功大小授予爵位。这就极大地提高了将士们在战场上的战斗热情。

军事改革只是其中的一个关键方面。打仗，说到底打的是财力。无论是供养一支大规模的军队，还是为军队提供精良的装备，都是非常费钱的。于是，怎么搞到钱就成为变法改革的一个目标。这是链条上的第二个环节。

国家怎样才能搞到钱？抢，不可持续；借，总是要还的；靠诸侯进贡，又受制于人。所以，最好的方法是征税，把财政的吸管直接插到民间每家每户的粮仓和口袋里。这样，国家既可以控制征收的力度，又能避免受制于人，也不像借款那样需要偿还。有了税收，国家的军事力量就有了稳定的财源。

不过，国家要征税，就需要有完善的官僚体制。得有人挨家挨户去收，得一层一层地上缴，得不断地计量、分配和调整。只有具备一个庞大、高效的官僚系统，才能把这个活儿给干了。纵观战国时期各国变法，诸侯在这方面的一个主要做法，就是打破原先分封制下大贵族们（即卿大夫阶层）对其自有封地的控制，进而实现纵向一体化的郡县制管理。这就是这根链条上的第三个环节。

中国战国时期各国发生的政治转型，跟近代欧洲发生的政治转型是相似的，都是从原先的封建制国家变成中央一体化的官僚制国家。可以说，从强化军事能力到强化税收能力，再到强化官僚体制，这三个环节构成了一个国家发育的"三件套"。

可是，难道非得按照这个路径来解决国家构建的问题吗？有没有其他的途径？有，但往往都是饮鸩止渴，不可持续。从历史经验来看，一个可替代性的选择就是以战养战，靠对外掠夺来发展国家。古罗马曾经就是这么干的，不断发起对外战争，把战俘变成奴隶，靠奴隶劳动来维持经济。但外部世界总是有限的，到最后，战俘资源枯竭，内部管理的压力变得巨大无比，于是爆发了斯巴达克斯起义，罗马共和国也就维持不下去了。

国家建构的新问题

不过，有了这"三件套"，国家建构的政治逻辑还没有结束，新的问题又出现了。

首先，军队其实是一把双刃剑。没有良好的制度约束，军队反而会成为国家的隐患。中国历史上的这类故事就不用多说了，西方历史上发生的类似事件也不少。比如，罗马帝国的皇帝废立，一度由皇帝的近卫军说了算，近卫军甚至还把皇帝职位出售给出价最高的竞争者。

即便是到了现代，很多国家也依然如此。比如，20世纪下半叶，不少拉美国家、非洲国家都发生过军事政变。国家无法控制军队，军队反过来控制了国家。

其次，税收系统也可能是一个大麻烦。怎么征？征多少？向谁征？谁来征？这些都是大问题，需要一套复杂的制度安排。而且发展到后面，国家为了让老百姓自愿交税，降低统治成本，还不得不回应老百姓的诉求，为他们提供公共服务，以此来提高他们对统治的认同度。

最后，官僚系统会带来腐败和委托代理问题。腐败问题比较好理解，但就算不搞腐败，官僚机构的存在本身也可能会带来副作用,那就是委托代理问题。举个具体的例子。为了更好地发展国际贸易,有的国家设立了进出口管理部门。这样的部门一旦建立起来,就可能会不必要地扩张自己的权力,增设不必要的管制。这名义上是为了规范、促进国际贸易,实际上可能只是为了提高自己部门的存在感。结果,这个部门的设立反而妨碍了国际贸易的发展,可谓结果与初衷背道而驰。

所以,国家固然是必需的,但其出现却往往会带来新的问题。这是人类政治演化过程中的一个悖论。

◇◇◇

通过国家发展的真实过程,我们可以得到三个认知。

第一,驱动国家发育的过程是一根完整的链条。国际体系中的安全压力会逐渐从外向内、从上到下传导,让一个国家不得不依次发展出军事能力、税收系统和官僚体制。

第二,军事能力、税收系统和官僚体制的运行状况,是观察一个国家政治发育水平的三块仪表盘。如果你想快速了解一个陌生国家的政治情况,最简便的方法就是考察它在这三个方面的表现。

第三,政治问题没有终极完美的解决方案。"是药三分毒",政治是一个不断出现问题、不断提供解决方案来应对问题、解决方案本身又成为新问题的演进过程。

君主制

为何这一模式可以延续数千年

战争塑造了国家，那谁来统治国家呢？关于这个问题，人类历史上主要有两种解决方案，一种是君主制，也就是君主掌握权力；另一种是民主制，也就是人民掌握权力。

在今天看来，民主制毫无疑问是一种更公平的制度，而君主制明显要差得多，它通常被看成一种"坏制度"。但问题是，为什么在19世纪之前，除了极少数例外，各个国家普遍都采用君主制这种统治模式呢？

其实，问题出在"可扩展性"上。什么叫可扩展性？打个比方，你面前有两台电脑，价格差不多。其中一台性能不错，用户界面比较友好，但操作系统很难升级，也接不了外部设备；

另一台性能稍差一点,用户界面也不够友好,但是操作系统能升级,可扩展性比较强。如果让你选,你会选哪台?

在古代社会,民主制就是那台操作系统很难升级的电脑。需要注意的是,虽然都叫"民主",但古代民主和现代民主是有所不同的,在后续的章节中,我会带你理解这两者的差别。

古代民主制为何只适合小国

在代议制度还没被发明出来的古代社会,民主制就意味着直接民主。说白了,就是民众普遍参与的广场政治。你可以设想一个场景:在某个投票日,一个普通公民早晨从家里出发,步行到首都市中心的广场投票,然后在天黑前回到家里——那时,虽然有马车,但普通人是用不起的。

这种民主模式会遇到一个问题,那就是它只适合小国。这是为什么?

我们先做一个简单的计算:在步行的条件下,人一天能到达的最远距离是多远呢?正常人的步行速度是每小时5公里,连续步行五六个小时几乎就是极限了。加上还得在一天内返回,人能到达的最远的距离也就是25～30公里。

所以,一个古代社会要想实行直接民主,它的陆地核心区域的直径通常不会超过50～60公里。这样,即便按最大面积来算,也就是3000～4000平方公里,而这正好与雅典这个城邦国家的面积相当。

这么小的地方，无论经济实力、军事实力多强悍，真要遇到规模巨大的君主制国家入侵，是很难抵抗的。虽然古希腊的雅典城邦联合其他城邦国家，一度打赢了希波战争，但最后还是被实行君主制的马其顿王国消灭了。

相比之下，君主制的可扩展性就强多了。因为不需要考虑公民参与的问题，君主制国家的统治半径就大得多。一个地方，只要君主的战马和士兵能抵达，能建立官僚体系和税收系统，它就能被纳入王权统治。所以，古代历史上的大帝国几乎都是君主制的。

君主制如何"打补丁"

君主制虽然在统治规模上有优势，但也有弊端。还是用前面那个比方，这台电脑虽然具有良好的可扩展性，但是 bug（缺陷）很多，而且不容易修好。其中，最大的 bug 就是君主本身。

君主是高高在上的统治者，但同时他也只是肉眼凡胎，有时候非常脆弱。这就使得君主制具有极大的不确定性。比如，当君主能力衰退、健康恶化或者意外死亡时，就有可能会带来政治动荡。再比如，君主所掌握的巨大权力很容易引来野心家的争夺。这些野心家不只是君主身边的人。本质上，这座权力大厦从上到下，没有人不想取而代之，区别只在于有没有条件。

《史记》里记载了秦始皇巡游天下、威风凛凛的盛景。刘邦看在眼里，就说"大丈夫当如是也"；项羽看在眼里，就说"彼可取而代之"。不久后，大秦果然亡在这两人手中。

要想解决这个问题，君主制这台电脑就需要给自己打补丁。

第一个补丁叫合法性，也就是建立一套解释合法性的话语系统。只要是人，通常都会思考你凭什么统治、我凭什么服从的问题。所以，从君权神授到君权天授，再到基于传统或血统的政治叙事，君主制总要为自己的统治提供一套说法。

第二个补丁叫制度，也就是用一套制度和程序来规制人的行为、影响人的头脑。正是在这套制度和程序下，为臣之道有了一套标准。久而久之，"君君臣臣"的政治文化就被塑造出来了。

不要小看制度文化的力量。就拿三国时期的历史来说，曹操权倾天下，却一直只敢做丞相，不敢称帝。旁人一句"名为汉相，实为汉贼"，就把曹操一辈子套牢了。只要称帝，这句话就会被坐实，而曹操非常害怕落下这个骂名。

第三个补丁叫家族世袭制。简单地说，就是通过代代相传巩固君主制。有了家族世袭制，君主继任制度就会相对稳定，君主个体死亡带来的政治动荡也会减少很多。而且，每个新君主身上都有上一代君主的血统。这种父子相承的合法性，人们还是认可的。

01 权力如何管理社会

更重要的一点是，家族世袭制还会带来上一代君主和下一代君主之间的代际利他主义——君主一旦想到江山是要交给自己儿子的，大概率会兢兢业业地干活儿。

君主制这台电脑就这么不断地打补丁、防死机，提高稳定性，效果居然还不错。秦之后的西汉维系了 210 年，而明、清两朝都维系了 260 年以上。拿欧亚大陆的其他政体来说，同为君主制的奥斯曼帝国维系了 800 年以上。

君主制无法修复的 bug

当然，君主制除了君主本人这个大 bug，其实还有一堆小 bug，靠打补丁是很难从根本上解决问题的。接下来，我们通过三个具体问题，来看看君主制的弊端。

第一个问题是所谓"坏皇帝"的风险。一旦遇到"坏皇帝"，君主制这套系统就很容易死机。比如，在中国历史上，西晋的第二位皇帝，即公元 290—307 年在位的晋惠帝司马衷，就是一位典型的"坏皇帝"。他无力统治整个国家，甚至连基本的常识都没有。著名的典故"何不食肉糜"就出自他之口。在他任上，西晋发生了"八王之乱"，从此快速走向衰落。

第二个问题是君主继任的风险。简单地说，君主权力太大了，立王储的筹码实在太高了。尽管发明了各种继承制度，但王位继承仍然有可能演变为一场没有底线的政治斗争。在中国历史上，唐太宗李世民、明成祖朱棣都是靠武力上台的，他们的故事我们也都很熟悉。而国外历史上有一个更著名的例子——奥斯曼帝国。

14世纪，奥斯曼帝国颁布过《杀害兄弟习惯法》，国王一旦取得王位，就可以合法地处死自己的兄弟，目的就是让王位能够保持稳定。想象一下，奥斯曼帝国关于王位的权力斗争要激烈到何种程度，才会想出这样一个惨无人道的解决办法。而且，一旦采用这种解决办法，有关王位继承的争夺战只会更加血腥。[15]

第三个问题是君主制下委托代理的风险。我们知道，再能干的君主也需要借助代理人来管理国家。可是，代理人并不会时时刻刻考虑君主的利益。就算有监察系统，只要委托代理关系的链条变长，这个链条末梢的统治力量就会被削弱。这就是所谓的"天高皇帝远"。所以在君主制下，官员腐败横行可能是一种常态。反过来，这又会降低君主制这套系统的稳定性。

因此，在人类几千年的历史上，君主制这套操作系统就是这样带着bug运转的，边运转边修复各种技术问题，但大体上还能勉强维持下去。一直到19世纪以后，情况才发生了变化，民主制这套操作系统的相对优势也逐渐显现出来。

◈◈◈

君主制作为一种"坏制度",却被使用了数千年,这能给我们带来什么启发?

首先,政治系统和电脑操作系统很类似,其关键在于是否具有可扩展性。一个性能优良但缺少可扩展性的政治系统,可能会输;一个性能不那么优良却具有可扩展性的政治系统,则可能会赢。

其次,任何政治系统都不完美,它需要不断打补丁、升级。但是,这种做法是有限度的,最终它也许还是需要一次系统的大换代才能解决问题。在政治领域,这就是政治转型时刻的到来。

最后,政治学不是用今天的观念来评判昨天的历史,而是解释各种政治事物生成、演化背后的逻辑。学了政治学,我们就应该尽可能摆脱简单的是非对错的思维方式。

官僚制

为何问题重重却难以改革

古代政治结构的顶层设计是君主制,但统治国家仅有君主是不够的,还需要一个官僚制系统。毕竟,即便君主再能干,他也不是全知全能的,总需要一大批助手来帮助他维持统治体系的有效性。尤其是对较大规模的国家来说,政府不仅需要职能上的分工,还需要层次上的分工。而这样一来,一个具有相当规模的官僚机构就是不可或缺的。即便不从统治者的视角,而是从普通国民的视角来看,无论是基本的安全、法律与秩序的维持,还是道路等公共产品的建设,也都需要一个专业化的官僚体系作为基本的支撑。

可是,提起官僚制,我们一般都没有什么好印象,很容易联想到"官僚主义""官僚作风"这些词。但是在政治学上，官僚制并不是一个贬义词，它是指基于上传下达、职能分工的科层制规则所确立的一套行政系统。所谓的官僚，并不是特指当大官的，或者作风傲慢的人，而是泛指科层制中的行政人员。

当然，官僚制的弊端是有目共睹的，比如例行公事、做事刻板、形式主义、行政效率低下，等等。针对这些弊端，人类历史上进行了多次改革，但是成功的却很少。这是为什么呢？

官僚制和国家规模困境

这个问题牵涉到古代社会的"国家规模困境"。所谓国家规模困境，是指为了在竞争中生存，国家必须要有一定的规模。而在古代社会的技术条件下，要管理那么大规模的国家，就不得不依靠一套看上去有些刻板的官僚制系统。

事实上，官僚制的问题是内生于国家规模困境的。打个比方，在互联网上，安全和方便是很难兼得的。比如你要在一个网站注册账户，想确保个人信息资产的安全，密码就得很长，但密码一长，使用起来就不方便。这个问题在逻辑上是无解的。官僚制的问题也是如此，不是在官僚制本身的格局内能够解决的。

具体来说，在古代，大国意味着从首都到边疆的距离比较远，地方的多样性也比较高。由此带来的问题是，官僚层级会比较多，君主监督官僚的成本也会高得惊人。在这种情况下，对于官僚制系统的设计，国家有两种策略选择。

一种是授予地方官员较大的自主权，让他们根据本地实际情况，回应本地民众诉求，因地制宜地制定政策。这在政治学上被称为"回应性"比较高。但这样做的风险是，地方官员可能会借此机会营私舞弊、中饱私囊，甚至统一的国家也可能会因此走向分裂。

另一种是采取简单粗暴的做法，基于一致性和标准化的原则，建立"一刀切"的制度。这样做固然毛病不少，但解决了一个大规模国家的可统治性问题。

如果你是统治者，会选择哪种策略？

采用第一种策略的，历史上不是没有。比如，唐朝一度为了强化边防而增加地方节度使的权力，让他们因地制宜地调动资源、制定政策。结果我们都知道，安史之乱和藩镇割据很快就发生了，唐王朝因此元气大伤，由盛转衰。可见，授予地方官员巨大自主权的做法是存在重大风险的。对一个国家来说，优先事项必然是要解决可统治性的问题，而不是时时考虑因时而变、因地制宜的回应性问题。

更多的时候，国家会采取第二种策略。比如，一个大国疆域辽阔、各地差异甚大，但中央政府在各个郡县都规定了基本一致的行政、财政与军事制度。尽管这种制度往往并不完全适应全国各地的具体情形，但中央政府也要求各地政府和官员遵照执行，其目的就是解决全国范围内的可统治性问题。

面对规模困境的不只是国家，企业也是一样。像麦当劳、星巴克这样的大型企业组织，最先考虑的就是一致性与标准化的问题，而不是考虑不同国家市场的多样性。因为一致性与标准化能够为一家大企业提供更好的可管理性。

所以，我们可以总结出一条法则：**很多时候，一个官僚制系统的可统治性与可管理性，要比它的适应多样性和回应性更重要。**

难以破解的官僚制难题

然而，强调一致性与标准化，必然会导致例行公事、形式主义，甚至人浮于事等问题。这些问题又该怎么解决呢？在古代社会，通常只能在官僚制内部想办法，而且想出来的对策往往还是官僚制的套路。

比如，明朝万历年间，张居正用"考成法"来推动官僚制改革。当时，各级官员整天忙于应付各种文书、报告，但其实很多人就是在混日子，假装做事，各种该办的事往往不了了之。而"考成法"改革的思路很简单：各级官员不是都说自己在做事嘛，那就说清楚自己在干什么事，每件事什么时候干完（要么朝廷有规定，要么官员自己定期限），都记下账来。

这样，每个官员要记三套事务账簿，一套放在六部和都察院备查，一套送到六科，还有一套由内阁掌管。地方官员办完一件事，就核销一件，到了期限却没办完，就得给个说法。最后该奖的奖，该罚的罚。[16]

其实，这个办法就是基于目标管理的绩效考核，现在在企业里很常见。但是，就是这么简单的一刀切制度，居然把明朝官僚系统上上下下搅得鸡飞狗跳，官员们都感觉日子再也混不下去了。这说明这套做法是有用的。

以今天流行的认知来看，组织变革搞一刀切似乎不是一件好事。但是，张居正当时还有其他办法吗？假设张居正跟高级干部开会，要求各部门、各地方都拿出一套适合本部门、本地方的改革办法出来，结果很可能是他们各自推出一些小修小补、装模作样的改革措施，但本质上什么都不会改变。

这个故事揭示的一个法则是：**即便是官僚制导致的问题，也只能用官僚制的方法来治疗。**

德国社会学家马克斯·韦伯对理想型官僚制有一个经典的论述。[17]通俗地说，大体包括以下几个原则：等级制原则，即下级服从上级的命令；专业化原则，即不同部门进行专业分工；流程化原则，即办事过程严格遵循程序；文书化原则，即官僚制的决策命令依赖于一套文书系统；非人格化原则，即所有程序、规定与政策不搞差别对待。这些原则每一条都在强调官僚制的统一性，可见统一性是官僚制的基因。

破解官僚制困境的现代方案

至此,你就能理解前文讲的那个判断了:**只要国家规模困境存在,官僚制的弊端就会存在。这是一个内生的、逻辑上无解的难题。**

但是,如果国家规模困境本身被解决了,也就能看到解决官僚制存在的问题的希望了。今天,人类的经济、技术与制度的发展水平得到了极大提升,也有了更多提升官僚制回应性的办法。

第一个办法,是由普通民众来评价官员的绩效。官员的压力不仅来自上级,也越来越来自民间。现代民主制之所以能存在,其实也是社会与技术进步的结果。在互联网时代,这个效应更加明显。

第二个办法,是降低决策的层级。在战场上,应该让听得见炮声的人来下命令,还是让远离战场的后方的人来下命令?如果技术条件能保障中央不失控——比如中央政府在更现代的交通和通信条件下很容易获得地方政府的相关资讯,前者当然是更好的办法。具体到治理上,地方自治就是现代国家普遍采取的做法。

第三个办法,是引入新公共管理的理念与做法。新公共管理是20世纪80年代以来,率先在西方国家兴起的一场政府改革运动。美国国防部就曾推行这样的改革,主要做法是简化流程和下放权力。

在这场改革之前,美国国防部军队用房管理的规定手册有800页,改革后只有40页;改革前,军事基地建设的管理手册有

400页,改革后竟然只有4页。美国国防部分管设施的副助理部长甚至说,"估计国防预算的1/3浪费在执行无益的规章制度上面,做那些不必要的事"[18]。可见,原来官僚制的成本有多高,改革的效益就有多大。

◇◇◇

了解了官僚制的基本逻辑,我们就会明白为什么官僚制问题重重却难以改革,同时也要看到提高官僚制回应性已经有一些基本方法。此外,还有两点需要注意。

第一,在政治问题上,如果你看到一件糟糕的事,但它一直存在,又一直这么糟糕,那它很可能是一件更加糟糕的事情的替代品。这件糟糕的事情会存在,只是为了避免更糟糕的情况出现而付出的代价。正如官僚制,从某种程度上说,它那些无法根除的负面因素,是为了避免国家分崩离析而必须承受的成本。

第二,如果你发现一个困境在逻辑上无解,那么这并不是真正的无解。只要外部条件发生重大变化,整件事的逻辑结构被重塑,解决方案自然就会浮现。比如,到了交通和通信技术突飞猛进的现代,民主制的兴起、地方自治的扩展以及新公共管理运动的出现,都使官僚制的回应性得到了大幅提升。

暴力

为何内战难以用和平的方式解决

国家是一个合法垄断暴力的机构,但当一种情形出现时,国家就无法垄断暴力了,这种情形就是国家处于内战状态。那么,为什么内战会发生?

内战发生的原因

中国历史的大趋势,是"合久必分,分久必合"。这里的"分",不仅是指国家分裂,往往还是指国家处于内战状态。即便像汉、唐、明、清这样的盛世王朝,也分别出现过七王之乱、安史之乱、靖难之役和三藩之乱这样的内战状态。

其他国家的内战也不少见,比如17世纪的英国内战、19世纪的美国南北战争、20世纪30年代的西班牙内战,等等。

无疑,内战对各方都意味着巨大的痛苦。组织战争需要付出巨大的成本,战争还势必会带来贫穷、苦难与死亡。既然如此,人类历史为什么还是和内战如影随形呢?甚至到今天,为什么还有不少国家难以摆脱内战的魔咒?

关于内战为什么会发生,国际学术界贡献了很多重要的理论,主要包括怨恨理论、认同危机、资源争夺、权力争夺、失败国家、政治革命等。无论这些理论的具体内容是什么,它们大致都支持一个基本逻辑——**当社会中存在着反叛的巨大动力,而原本应该垄断暴力的国家缺少控制反叛的能力时,内战就会发生。**

比如,中国古代的农民战争不少都是"流民生变"。普通老百姓活不下去,只好逃离家乡,四处流窜,最终发起武装叛乱。如果政府无力控制,这种叛乱就会演变成一场长时间的内战。

再比如,西非国家尼日利亚是一个1914年才出现在非洲版图上的多族群国家。20世纪50年代,在尼日利亚东区伊博族人世代居住的土地上,发现了储量巨大的石油。北区豪萨-富拉尼族人控制下的中央政府想通过国家石油公司来控制东区的石油生产,东区的伊博族人则认为这是一种资源掠夺。于是,东区在1967年宣布独立。中央政府在政治上无法阻止东区独立,内战就此爆发。[19]

这两个例子尽管具体情形不同,但大体逻辑是相似的。从理

01 权力如何管理社会 | 49

论上讲,社会怨恨和国家能力是理解内战的两个关键变量。

洞察内战逻辑的 C-H 模型

看到这里,你可能会产生一个新的疑问:既然内战的逻辑是相似的,为什么有的国家更容易爆发内战,有的国家则不容易爆发内战呢?其实,这个问题一度引起了世界银行的重视。世界银行委托两位学者——保罗·科利尔和安科·霍夫勒对内战进行专门研究。2001 年,他们发布研究报告,提出了一个解释内战的新模型,即科利尔-霍夫勒模型,简称 C-H 模型。这个模型发现了影响内战的五个关键因素。[20]

因素一:反叛武装财务资源获取的难易程度。当一个国家有储量很大的油田、金矿、钻石矿时,反叛武装就更容易获得反叛的财务资源。比如,非洲国家塞拉利昂有丰裕的钻石资源,一小兜钻石就能换回一卡车的 AK-47 突击步枪,而这就很容易导致内战。著名电影《血钻》就是以塞拉利昂的钻石开采、武器购买与内战为背景的。

因素二:武装反叛机会成本的高低。简单地说,一个士兵选择打仗而放弃的其他可能的职业发展机会,就是一种机会成本。比如,20 世纪早期,中国军阀混战的局面维持了相当长一段时间。其中一个原因就是当时中国非常穷,很多老百姓吃不上饭,当兵算是一个很好的出路。所以,军阀的兵源得到了源源不断的供给。也就是说,军阀战争的机会成本非常低。

C-H模型发现,一个国家小学入学率越低,人均收入越低,经济增长率越低,就越容易发生内战。为什么会这样呢?小学入学率、人均收入和经济增长率越低,意味着这个国家越贫穷。对普通人来说,不打仗也没有多少好的出路,所以就更容易走向内战。相反,如果一个国家经济发展水平较高,工商业也比较繁荣,普通人自然不乐意卷入内战。

因素三:反叛武装可能获得的军事优势。简单地说,如果一个国家是一小片一马平川的平原,就不容易发生内战,因为反叛武装根本无处藏身。但如果一个国家面积广大、地形复杂、人口分散,就更容易发生内战,因为反叛武装不容易被剿灭。

因素四:社会怨恨的严重程度。严重的怨恨是引发内战最重要的动力。但这种怨恨不会凭空产生,常常跟一个国家出现少数派群体支配整个社会、严重的经济与社会不平等,以及族群、宗教集团之间的严重对立有关。

因素五:人口规模。研究发现,人口规模越大的国家,越有可能发生内战。其中有两个逻辑:第一,人口越多,社会群体的分化程度就越高,不同集团之间发生冲突的概率就会增加;第二,人口越多,对应的国家规模往往就越大,地理复杂性也会增加,反叛武装也就有了更大的活动空间。

C-H模型给出的结论尽管是概率上的,却为我们呈现了内战为什么容易发生的全球图景。

为什么内战很难和平解决

既然内战意味着巨大的苦难,为什么人们不选择以和平的方式来解决呢?要理解这个问题,就需要用到博弈论的知识。

博弈论关注的是政治行为者的策略选择。从博弈论视角看,一个政治行为者会评估外部的约束条件,然后根据其他政治行为者(比如对手或盟友)的策略,基于理性计算原则,采取对自己最有利的策略。因此,博弈论往往把政治过程看成政治行为者的博弈,把政治结果看成政治行为者经过博弈后达到的均衡。

政治学者芭芭拉·瓦尔特就用博弈论来分析内战。[21] 她研究了 1940—1990 年之间全球爆发的 41 场内战,发现只有 17 场最终达成了和平协议,而这些和平协议半数以上都没有得到执行。总共算下来,这 41 场内战,仅有 8 场是以和平方式解决的,剩下的 33 场都以其中一方的决定性胜利收尾,也就是一方用武力战胜了另一方。

问题来了:为什么即便内战各方达成了和平协议,和平协议也常常无法执行呢?瓦尔特发现,关键的原因是缺少一种"可信承诺机制"(credible commitments)。

简单地说,执行和平协议的关键步骤是内战各方要把军队移交给中央政府或联合政府。但问题是,如果任何一方首先放弃自己的武力,而另一方反悔,放弃武力的一方就会遭到毁灭性打击。所以,即便达成了和平协议,真正要执行协议时,也没有哪一方会率先放弃武力。这样一来，和平协议就成了一纸空文。

既然如此，为什么还有 8 场内战的和平协议得到了执行呢？原因在于，它们都存在一个强有力的外部干预者。正是这个强大的外部干预者，为执行和平协议提供了一种可信承诺机制。

瓦尔特提到了两个非洲国家——津巴布韦和卢旺达，它们都发生过内战。瓦尔特以这两场内战为例，论证了自己的理论。

津巴布韦内战发生于 1972—1979 年[①]，卢旺达内战发生于 1990—1994 年。从结构上说，这两场内战非常相似，但结局却大相径庭。津巴布韦内战最终得到了和平解决，其中起决定性作用的是英国的介入。英国敦促内战各方谈判，签署了《兰开斯特宫协定》，并在关键时刻接管了津巴布韦政府，为和平解决内战提供了一种可信承诺机制。

而卢旺达内战更为血腥，出现了族群灭绝式的大屠杀。但当时的美国由于干预索马里内战失败，不愿意介入卢旺达内战；欧洲国家也不愿意接这个"烫手山芋"。结果，尽管胡图族和图西族在 1993 年就签署了和平协议，但协议完全无法执行。直到卢旺达爱国阵线最后打败政府军，赢得决定性的胜利，才结束了卢旺达内战。卢旺达内战的和平协议之所以没有得到执行，就在于

---

① 此时，津巴布韦尚未取得独立，并非受国际普遍承认的国家。当时，它叫罗德西亚，是英国殖民地。

01 权力如何管理社会

缺少一个强有力的外部干预者。

◇◇◇

通过分析内战何以发生以及为何难以和平解决，我们可以得到一个启示：**博弈论是分析政治现象的重要视角**。博弈论的思维，主要是基于政治行为者的互动策略，来分析他们可能的选择。[22]

比如，在英美国家，有的国会议员会提出立场较为激进或极端的立法提案。实际上，提案人本身也知道，这样的议案是很难在国会通过的，甚至可能都无法列入国会的立法议程。那他为什么还要这样做呢？一个主要目的，就是通过提出这样立场鲜明的法律提案来宣传自己的政治主张，提高媒体和全国选民对这种政治立场的关注，同时提升他作为一名政治家在全国范围内的知名度和影响力，赢得特定选民群体更大程度的政治认同与忠诚。反过来说，如果这时有另一名议员激烈反对前者的议案和主张，其政治效果也是相似的。看起来这些政治人物都是在从事并无直接政治生产率的事情，但在博弈思维的框架中，他们的所作所为对本人或特定的政治主张是有价值的。

借助博弈论思维，我们就会对这样的事情一目了然。当然，真实的情况往往要比这个例子更复杂。

02

社会如何控制权力

国家是政治的起点,也是政治的源头。但有了国家之后,人类的政治格局又是如何演化的?这是一个更加惊心动魄的过程。

如果说如何塑造有效的政治权力是人类政治进化的第一个根本动力,那么,如何控制权力就是人类政治进化的第二个根本动力。因为权力一旦产生,就必将出现是否会异化的问题。

为了控制权力,从古到今,人类历史上产生了很多政治发明。有些政治发明走不通,成了死胡同,但其中的合理成分被保留了下来;有些政治发明取得了成效,但又未必很完美,还需要不断地修正。

就这样,这些政治发明经过历史的筛选,逐渐形成了今天一整套控制权力的方法。这一章,我们就通过城邦、共和、立宪、议会、民主与制衡这六个主题,来具体看一下社会是如何控制权力的。

城邦

雅典的民主尝试为何没有成功

说到权力要被约束,你最容易想到的方法可能是民主。民主并非近代以来的新事物,而是一项古老的政治发明,其专利权属于古希腊的雅典城邦。这一节,我们就进入雅典城邦的政治实验,去看看古代社会是如何用民主的方法来控制权力的。

雅典的民主制如何运行

公元前 6 世纪到公元前 4 世纪,是雅典城邦民主的鼎盛时期。不过,在伯罗奔尼撒战争中,雅典城邦风光不再;而后,在亚历山大大帝的进攻下,雅典城邦被攻陷。由此,古典民主制退出了历史的舞台。[23]

前文解释过,这主要是因为在古代的交通和通信条件下,民主这套系统遇到了可扩展性问题。古代民主制只能用于统治规模较小的国家,而这种国家难以抵御大规模君主国的进攻。

但问题是,早在遭遇亚历山大的军队之前,雅典城邦就已经在政治上衰落了,民主制也早已成为一种备受争议的制度。特别是以柏拉图为代表的雅典哲学家,普遍反对民主制。这是为什么?

要想回答这个问题,我们要先来简单地看一下雅典民主制的基本情况。

雅典民主制有三项基本原则。

一是大众政治原则。成年男性公民平等地参与政治。他们用两个办法来选择公职人员,一个是抽签,另一个是选举,而且主要办法是抽签。这就使得谁也无法独断地掌控权力。

二是会议政治原则。雅典公民通过至少有6000人参加的公民大会和五百人会议来处理公共事务。这同样可以防止个别人控制权力。

三是多数政治原则。在公民大会的投票、陶片放逐法的投票,以及陪审法庭的表决中,雅典都采取多数决定制。这保证了权力掌握在多数人手中。

公民大会的投票和陪审法庭的表决,你肯定很了解,这里就不赘述了。需要说一下的,是陶片放逐法。雅典人相信,一个人不管是谁，不管对城邦的贡献有多大，只要他的影响力过大，就有可能威胁到民主制度。所以，应该将他放逐，放逐期限是10年。

比如公元前5世纪早期，雅典出现了一位名叫特米斯托克利的政治家、军事家，他为雅典做出了巨大的贡献。他先是在众人一片反对时呼吁发展强大的海军，事后证明这完全是正确的；之后，他又在希腊—波斯战争中领导了著名的萨拉米斯海战，一举击沉波斯600多艘军舰，打败波斯，保全了希腊。但就在此时，雅典人开始担心，声望达到顶峰的特米斯托克利可能会蜕变为一个军事独裁者。于是，在公元前471年陶片放逐的投票中，雅典人将他流放了。一位曾经拯救了雅典和希腊的英雄，就这样不得不流亡海外、客死他乡。

雅典的民主制有什么问题

你肯定发现了，雅典城邦的民主制在有效约束权力的同时，也引发了很多问题。这恐怕是雅典的政治家一开始没有料到的。那么，到底是什么问题呢？

首先，大众政治就是人民统治，但问题是，人民有统治国家所需的专门知识吗？这是古希腊哲学家柏拉图对民主制的主要批评。在柏拉图看来，统治是一项专门的技艺，正如航海与医术，而大众不可能人人都掌握这项技艺。

进一步说，即使是人民选出的政治家，他就真的掌握了统治国家所需的专门知识吗？拿美国来说，2016年特朗普当选美国总统，引发了很多美国人的担忧，其中一个主要原因就是他并非职业政治家，曾经只是一名房地产商和电视节目主持人。虽然很多人也不喜欢希拉里，但她更像是一个掌握了专门的统治知识的人。当然，究竟谁是更合适的统治者，实际情况可能要复杂得多。

其次，会议政治真的有效率、能解决问题吗？古希腊化名为"老寡头"（The Old Oligarch）的历史人物曾说，"有些时候，即使等上一整年，五百人会议或公民大会也不能解决问题"[24]。这就好比一家公司总是开会，但什么问题也解决不了。今天，你可能还听过这样的说法——靠民主讨论，修不成高铁，建不成核电站，也动不了医改法案。为什么？因为大家意见不统一，于是只能继续讨论下去。要知道，雅典的公民大会可是至少6000人一起开会，可想而知，想要达成一致意见会有多么困难。

最后，多数政治可能会演变为多数暴政。前面说的特米斯托克利就是一个典型的例子。当然，这方面最著名的案例是公元前399年的苏格拉底之死。这是雅典民主制度永远的耻辱。

与苏格拉底之死类似的是，法国大革命时期，巴黎群众仅凭愤怒的呼声，未经审判，就把一批批政治人物推上断头台。19世纪，法国思想家托克维尔把民主政体下的类似情形定义为"多数暴政"。[25]

正是这些问题，逐渐把雅典城邦搞得一团糟。而这些问题，也是现代民主政体被人反复质疑的地方。

雅典人该如何选择

如果你是一个雅典人，发现民主制面临这么多问题，你觉得应该怎么办？你大概会有两种选择。

第一种选择，自然是抛弃民主制。柏拉图起初就是这样想的。他认为，最好的统治是哲学王统治。统治是一项专门的技艺，而只有哲学家能够掌握这项技艺。因此，理想的统治秩序，要么是哲学家成为国王，要么是国王成为哲学家。[26]

但是，哲学王统治有可能实现吗？这里有三个逻辑问题：

- 世界上是否真的存在某种专门的统治知识，就如同金庸笔下的《九阳神功》这样神奇的武功？
- 如果存在这种专门的统治知识，是否只有少数人才能掌握？
- 假设存在这种专门的统治知识，而且只有少数人能掌握，那么，这些人真的会根据普遍利益，而非自己的私利来进行统治吗？

这三个质疑，可以说是环环相扣、招招致命。

更有趣的是，到了晚年，柏拉图自己都开始反思哲学王统治的可能性了。公元前367年和公元前361年,柏拉图两次参与西西里岛一个名叫叙拉古的国家的政治事务,但现实将他的梦想击得粉碎。

柏拉图原本希望教育、指导叙拉古那位年轻的国王按照《理想国》的政治原则来进行统治,结果不仅没有成功,反而身陷险境,一度被卖为奴隶。所以,柏拉图晚年的政治观点也发生了转向。

第二种选择,不是简单地否定或者抛弃民主制,而是给民主制"打补丁"。但是,在2000多年前的雅典城邦,人们并未找到"打补丁"的有效方法。真正有效的方法是人类在后续的政治演进中逐渐发现的。

那么,具体是什么方法呢?主要就是三种发明:一是代议制,二是宪法与法治,三是分权制衡。

◇◇◇

政治是一项系统工程。为了解决问题,政治创新当然是必要的,但政治创新必须具有有效性。只有这样,政治创新才能获得持久的生命力。

历史上有这样一个传说。明朝有一个人叫陶成道,他突发奇想,在椅子腿上绑了47个大型烟花筒,想要借此升空、登月,最后却被火药炸死了。当然,传说未必靠谱,但我们还是可以分析一下。陶成道的梦想没有错,方向没有错,甚至技术路线也没有错。问题是,没有火箭发动机,没有氧气设备,没有降落装置等,即使大方向是对的也没有用。[27]

同样,雅典城邦的民主制固然解决了控制权力的问题,但如何让整套民主制有效运转,是一个更复杂的系统工程。

共和

混合政体如何解决民主制的缺憾

为了控制权力，雅典城邦发明了古典民主制。古典民主制确实能够约束政治权力，但它对政治权力的约束有些过了头，再加上其他限制条件的因素，这种以民主方法控制权力的首次尝试没有取得成功。

但是，人类并没有在这种失败面前止步不前。在离希腊不远的意大利半岛上，从公元前509年开始，古罗马人开始了另一项政治创新——共和政体。

政体模式的三种类型

要想说清楚什么是共和政体,必须先介绍一点背景知识。在欧洲古典时期,控制权力的主要思路是解决权力来源的问题,即谁统治的问题。当时的政体学说认为,权力来源主要有三种类型:一是一人统治,即君主制;二是少数人统治,即贵族制;三是多数人统治,即民主制。

一般认为,这三种政体只能选择其一。但问题是,这三种政体都有各自的优点和缺陷。

关于君主制和民主制,在第一章的"君主制"和第二章的"城邦"一节分别有过介绍。简单地说,君主制的优点是,有比较强的可扩展性,以及如果出现一个兼具知识、能力与德行的开明君主,国家就不会治理得太差。但君主制的风险也很大,主要在于"坏皇帝"、君主继任和君主制下的委托代理的风险,弄不好,国家就会被搞得一塌糊涂。民主制更能服务公众、控制权力,但上一节也具体介绍了古典民主制的种种缺陷。

贵族制,一般来说是上层人物和精英阶层的统治。按理说,贵族或精英也是整个社会中最优秀、最有德行的阶层,因而贵族制常常是最优秀者的统治方式。但问题是,如果缺少制约,这种统治就会只考虑上层人物和精英阶层的利益,而不能兼顾普通民众的利益与诉求,进而容易沦为寡头统治。

既然每种政体都有可能走向失败,那么,人类应该怎么办?

这时，了不起的古罗马人登场了。他们另辟蹊径，发明了一种复合型政体，把君主制、贵族制和民主制的因素融合在其中，使之互相平衡，这就是共和制，又称混合政体。

罗马的共和政体

罗马共和国的政治结构主要包括三个要素：执政官、元老院、平民大会加保民官。[28]

执政官代表君主制因素，它强调的是统治的效能与政治行动的力量。当时，罗马共和国有两名执政官。执政官由平民大会选举产生，对所有公共事务拥有最高权威，通常还是带领勇猛的罗马军团征服世界的人。

特别值得一提的是，当共和国面临重大威胁、进入紧急状态时，执政官就会摇身一变成为独裁官，也就是临时的独裁者。由此可见执政官的权力之大。像苏拉、恺撒、屋大维这些著名人物，都曾经是罗马的执政官。

元老院代表贵族制因素，其中大约有 300 名成员，彰显的是共和国的理性、智慧与美德。身穿白袍的元老们控制着政府的预算和资金，管理着共和国的日常事务，同时还拥有最高司法审判权。从罗马共和国的官方拉丁语名字"元老院与罗马人民"[①]中，

---

① "元老院与罗马人民"，英文为 The Senate and People of Rome，拉丁语为 Senatus Populusque Romanus，即 SPQR。

就足以看到元老院的地位有多么尊崇。

元老院的成员，要么是贵族，要么是卸任的执政官。这就保证了元老院是一个知识、能力与德行都比较出众的精英统治机构。你可能比较熟悉的古罗马思想家西塞罗，就是元老院的元老。

平民大会代表民主制因素，强调的是多数平民的利益。平民大会的权力，包括选举执政官和颁布法律。这样看，平民大会几乎就相当于现代政治中的议会下院，元老院则类似于议会上院。因此，平民大会看起来就像是能够代表共和国的主权者。此外，为了更好地保护平民的利益，罗马还创设了保民官这一职位。保民官的职责是保护罗马人民，他有权召开平民大会并且成为平民大会的主席，有权提出立法动议，甚至有权否决元老院或执政官颁布的命令。

在罗马共和国的实际政治中，执政官、元老院和平民大会既独立运作，又互相制衡，还能密切合作。这样，跟任何单一政体相比，共和政体都更能发挥不同政体的优势，把君主制在决策效能、贵族制在知识和德行、民主制在捍卫公众利益方面的优势都发挥出来。同时，共和政体还避免了三种政体各自的弱点。比如，执政官受到元老院和平民大会的制约，他颁布的各种重要事项都需要元老院同意，而平民大会控制着选举执政官的权力，所以执政官就会变得节制；元老院受到平民大会与保民官的制约，主要表现为平民大会与保民官拥有对元老院决定的否决权，这样一来，元老院就不会只考虑上层利益；平民大会受到执政官与元老院的制约，因为执政官与元老院才是实际的决策和执行机构，它们都手握重大的政治权力，这就使平民大会不容易滑向暴民统治。

按照历史学家波里比阿的观点，罗马共和国之所以能够快速崛起并统治整个地中海世界，主要就是靠这种混合政体所具有的政治优势。[29] 看到这里，你应该会赞同，罗马共和国至少是部分地解决了雅典民主制的内在矛盾。

共和政体的困境

不过，到了公元前1世纪，古罗马共和国的政治体制变得越来越独裁，最终还是被帝制取代了。这又是为什么呢？

简单地说，一种政治制度，能应对它内部本身的问题，却难以应对外部环境变化带来的挑战。正是罗马共和国的快速崛起与武力扩张，给它带来了政治难题，并最终引发了危机。[30] 所以，后来有人说，造就罗马共和国危机的，正是它自己的伟大。那么，罗马共和国的崛起与扩张究竟给它带来了什么政治难题？

第一，武力扩张带来了国家规模与行省统治问题。罗马原来统治的不过是台伯河下游罗马城的7座小山丘，面积也就1000多平方公里，大致不及雅典城邦的一半，后来则扩张到了整个地中海地区。但问题是，共和政体能统治这样大规模的疆域吗？当时，一条命令从罗马元老院发出，要经过数周乃至更长时间才能抵达各个行省与边陲地区。这样一来，想要统治整个国家，就不得不依赖于各行省的总督，他们被授予了巨大的独断权力。但这样做，就有失控的风险。

第二，武力扩张使得罗马共和国长期处于战争状态。罗马共和国总共只有12年没有处在战争之中，这就导致了国家的军事化。罗马共和国的日常事务，不再是管理生产与贸易，而是管理无休止的战争。结果，四处征伐的将军获得了政治主导权，文职政治家反而地位下降。用今天的政治学话语来说，军政关系的天平开始向将军们倾斜。后来苏拉、恺撒与屋大维的独裁化，都跟这种战争逻辑有关。

第三，武力扩张带来了财富结构变化，并导致阶级冲突加剧。按照美国历史学家米哈伊尔·罗斯托夫采夫的说法，起初，"罗马是一个农民国家"。[31]但后来，罗马共和国的主要财富不再来自农耕和贸易，而是来自海外战争，而分到战利品最多的往往是将军和元老。这导致生产活动相对衰落，贫富差距越来越大，阶级冲突成为常态。另外，大规模海外奴隶的引入，还引发了西西里奴隶起义和斯巴达克斯起义。

连年战争导致罗马城大量自耕农和小土地所有者破产，而贵族与大地主却拥有越来越多的土地。当外省军团的士兵回到罗马城却无法获得土地时，阶级冲突到了一触即发的边缘。主张激进改革的保民官提比略·格拉古在一次演讲中说，野兽尚且有洞穴可居，但罗马的士兵为了国家流血、牺牲，却连一块属于自己的土地都没有，他们无家可归，只能带着自己的妻儿四处流浪。[32] 在这种状态下，原先靠阶级平衡和政治共识维系的共和制，已经难以适应新的环境变化了。公元前 133 年，格拉古希望发起有利于平民的土地改革，要求重新分配公有土地，结果导致了贵族与平民的激烈对抗。

在此后贵族与平民的政治冲突中，格拉古被元老们用一条板凳活活打死。同时殉难的，还有 300 多位格拉古的支持者。这一事件标志着罗马共和国的贵族与平民已经决裂，共和国变得岌岌可危。公元前 27 年，屋大维称帝。由此，古罗马的共和政体退出了历史的舞台。

美国的共和政体

看到这里，你可能会为罗马共和国的命运无限感慨。然而，尽管罗马共和国垮台了，但混合政体的原则与精神并未消失。

经过 1800 多年的沉寂，古罗马混合政体的精神终于在 1787 年美国费城的制宪会议上复活了。甚至可以说，1787 年《美国宪法》中的制度设计，就是对古罗马混合政体的模仿。

在这部宪法设计的制度框架中，总统代表君主制因素，他手握实权，能量巨大；参议院代表贵族制因素[①]，参议员最初由各州议会间接选举产生，代表精英的力量；众议院则代表民主制因素，众议员由各州人民直接选举产生，代表平民的声音。所以，这部宪法的制度设计，就是君主制、贵族制与民主制的融合，是一种混合政体。

你可能知道，美国制宪时，仅有东部13个州的领土。后来经过西进运动，美国发展成了一个横跨北美大陆的大型国家。但是，美国的共和政体为什么没有出现古罗马那样的危机？

首先，从18世纪晚期到19世纪，交通、通信条件的改善使统治大规模领土变得更容易了，而且联邦制与地方自治这种政治发明使中央政府的压力没有那么大了，因此美国的共和政体没有出现行省统治的难题。其次，跟罗马共和国陷入连年的战争不同，美国没有出现整个国家军事化的情形，所以，美国的文官政府一直对军队保有相对稳固的控制。最后，早期美国阶级政治的压力也没有那么大，这既因为美国是一片欧洲殖民者的新大陆，资源—人口的压力相对较小，也因为美国实行了有利于自耕农和平民的土地分配制度——这一点在第五章"分歧"一节还会做进一步的讨论。

[①] Senate（参议院）这个称谓，其实本身就是"元老院"的意思。

◇◇◇

从罗马共和国的衰落中,我们可以得到一条政治经验——**即便再伟大的制度,只要遇到环境变迁,都有可能无力适应,从而发生政治衰败。**

在罗马共和国后期,共和制遭遇了政治衰败。有一种观点认为,这主要是道德原因导致的,其实不然。政治衰败,更常见的原因是环境条件发生了重大改变,而原先的制度模式没有随之改变。这也是美国政治学者弗朗西斯·福山在《政治秩序与政治衰败》一书中的观点。[33] 罗马共和国的政治命运,恰恰是对这种观点的佐证。

立宪

政治权力是如何被驯服的

无论是古希腊雅典城邦的直接民主制,还是罗马共和国的共和制,都是为了解决一个问题——如何控制、约束或驯服政治权力。但是,雅典和罗马的实验最终都没有成功。这样一来,如何控制政治权力的问题,又重新摆在了人们面前。

按照古典政体学说,想要控制权力,就要解决由谁统治的问题。然而,在古代社会,这种解决方案又常常难以克服国家规模困境。那么,人们还有其他办法约束政治权力吗?

《大宪章》如何约束国王

到了中世纪,人们解决问题的思路发生了转向。他们不再急于解决谁统治的问题,而是试图在不改变谁统治的条件下,通过宪法,给统治者的权力加上一套约束规则。也就是说,国王还是国王,但要把国王的权力装进制度的笼子里。

问题是,凭什么能约束国王的权力呢?这就要从英格兰1215年签署的《大宪章》说起。[34]

1066年,法国的诺曼底公爵威廉率领军队入侵英格兰,并对英格兰实现了征服,史称诺曼征服。此后,英格兰进入封建社会。1199年,约翰成为英格兰国王,即约翰一世,又被称为约翰王。约翰王经常发动与法国的战争,又经常被法国打败,结果丢失了英格兰贵族在今天法国诺曼底的许多土地。即便如此,约翰王仍然要求贵族们提供更多兵力和财务支持。约翰王这样的做法激起了贵族的反抗。1215年,贵族们联合起来,打败约翰王,迫使他签署了一份政治文件,这就是著名的《大宪章》。

那么,《大宪章》到底是一份什么样的文件呢?简单地说,《大宪章》是国王对英国社会的一个政治承诺,是一份关于"国王不能做什么"的"权力清单"。按照今天的理解,它就相当于一部中世纪时期的宪法。

具体来说,《大宪章》共63条,主要包括三种条款:

首先,是保护臣民权利的条款。比如,任何自由人,如未经与其同等地位之人依法做出裁判或通过英格兰法裁决,皆不得被逮捕、监禁、没收财产或剥夺法律保护权。

其次,是约束国王权力的条款。比如,除了赎回国王的身体(指被俘时)等三项税金,国王不得再向贵族和平民征收任何其他税金。如果要征收,须获得全国公民的同意。

最后,是承认合法反抗权的条款。比如,如果国王违反《大宪章》,贵族可以联合全国人民,用包括武力在内的一切方法进行反抗,直到国王改正错误为止。[35]

《大宪章》背后的权力博弈

《大宪章》设计了种种办法,目的就是约束国王的权力。可是,国王作为一个国家的统治者,手里掌握着军队,《大宪章》又是被迫签署的,他真的会遵守吗?

当然不会。历史的真相是,约翰王刚刚重获自由,就马上否认了《大宪章》对他的约束力。实际上,不仅约翰王这样做了,英格兰后来的很多国王都想这样做。从1215年《大宪章》签署到1688年光荣革命的400多年间,这种模式不断反复进行着。只要英格兰国王足够强大,他就倾向于否认《大宪章》,其权力又开始变得任性。

不过,国王不断地放肆行使权力,贵族们一旦忍受不了,就会联合起来反抗。国王被打败后,又会不得不重新承认《大宪章》。据统计，从 1215 年到 17 世纪早期，《大宪章》被确认了 32 次之多。

可以说，《大宪章》之所以能生效，不在于规则本身的威力，更不在于国王的自觉，而在于贵族跟国王势均力敌——贵族掌握着与国王实力相当的暴力资源。从这个意义上说，**政治就是用实力说话**。即使有宪章或规则，但只要没有相应的政治力量，强者迟早会凌驾于宪章或规则之上。

《大宪章》为何特殊

到这里，你可能会对两个细节感到出乎意料：第一，贵族为什么能跟国王在暴力资源的掌控上势均力敌？第二，既然战胜了国王，贵族为什么不杀死国王，而是要迫使他签署一份"权力保证书"？

答案是，因为封建主义。

虽然我们国内常常用"封建社会"来指代普遍的古代社会，但这其实是对"封建"的误用。欧洲中世纪的封建体制，完全不同于中国从秦汉到明清君主制中央集权的官僚制国家。

封建体制起源于中世纪的西欧。公元 476 年西罗马帝国覆灭之后，欧洲至少在较短时间内已经无力建立起一套中央集权化的政治体系。与此同时，来自东欧的蛮族势力不断入侵西欧。在双重压力之下，当时的欧洲统治者既没有发展出依托于中央集权国家的强大征税能力，财务资源较为有限，又需要组织军队与入侵的蛮族作战，于是就把自己的土地和在战争中获得的土地分封给跟随自己的军人，作为回报。这样，公元8世纪左右，西欧的封建体制就开始出现了。

当时的人们把封建体制视为一种国王与贵族之间，或者说领主与附庸之间，基于土地的恩赐而形成的权利与义务关系。这种体制的特点是，它既是统治体系与公共权力意义上的，又是领主和附庸之间的私人契约关系意义上的。在这种契约关系中，领主的义务是为附庸提供土地与保护，同时他也要恪守封建体制的惯例与契约，比如领主要尊重附庸的土地继承权，不向附庸索要过多的军役和金钱等；附庸的义务，是效忠领主，同时在必要的时候为领主提供军事与财务援助。[36]

在这种结构下，大贵族们驻守自己的城堡，拥有一定数量的骑兵，随时等待国王的召唤。但如果国王破坏惯例、违反契约，贵族们也可以进行反抗。而那时，贵族的城堡和骑兵就成了反抗国王的力量。这就解释了为什么贵族们会拥有强大的暴力资源。

而战胜了国王的贵族们之所以不会杀死国王，原因在于国王不仅是国王，还是贵族们的领主。贵族的权力和财富主要来自土地，土地又来自最大的领主，也就是国王。如果杀死国王，贵族获得土地的合法性就消失了。

进一步说，即便杀死了一个无恶不作的国王，之后贵族们也还是需要一个新国王。这时,他们就面临两种选择:一是让老国王的儿子或女儿继位,结果就是贵族们杀死了新国王的父亲;二是选择一个离国王继承权很近的大贵族作为新国王,但问题是,这个新国王未必比前任国王更好。

所以,《大宪章》尽管承认合法反抗权,但也明确规定,合法的反抗方式不包括伤害国王、王后及其子女的身体。

一个重要的特例是,查理一世成了英国历史上唯一一个被判处死刑的国王。他被审判的原因,主要是他挑战国会与发动内战,因而犯有"叛国"与"战争"罪行。但即便如此,对查理一世的审判也引发了极大的争议,甚至在他被处决后,整个国家都陷入了长久的沉默。其中有一个关键细节,说明了封建主义的效忠观念对英国政治的强韧影响。在查理一世被判处死刑之前,他与自己的小儿子格洛斯特公爵进行了一场对话。查理一世对儿子说,在即将到来的这场判决中,自己有可能会被议会高级法庭判处死刑,但在自己被处决后,议会与贵族随后就会推举他作为新的国王。[37]当然,事实是,在查理一世被处决后,英国出现了短暂的护国公政体,克伦威尔成了新的统治者,而格洛斯特公爵被迫流亡国外。等到克伦威尔去世,英国议会与贵族为了英国政体的稳定,才决定迎回查理一世的儿子出任新的国王。至此,查理一世与小儿子的这场对话得到了历史的验证。封建主义传统之下宗主权与忠诚观念的强韧,可见一斑。

总的来说,这跟中国历史上成王败寇的逻辑是完全不同的。

对英国贵族们来说，在封建体制下，约束国王权力才是最好的选择。

正是这样，《大宪章》逐渐塑造了英格兰新的宪法规则与法治传统。《大宪章》之后，"国王在法律之下"的观念开始深入人心。以《大宪章》为起点，英国逐渐创造了一种以宪法和法治来约束权力的新发明。

如今，无论是总统，还是首相、总理，行使权力都需要受到宪法和法律的约束。比如，美国总统和英国首相时刻都要准备接受国会的质询与盘问。一旦他们逾越宪法或法律所允许的限度，国会、法官或独立检察官马上就会来"对付"他们。

◇◇◇

通过《大宪章》的制定及其背后的权力更迭，我们可以得到一个认知：**政治其实是由规则与力量的互动所塑造的**。

《大宪章》很重要，但《大宪章》背后的权力结构更重要。贵族与国王的势均力敌，才是约束王权的关键。所以，规则是第二位的，实力才是第一位的。

不过，规则并非全然无用。新规则一旦确立，就有了后续的规制政治力量的作用。人是受观念支配的物种。所以，当规则确立之后，不断累积的规则往往会改变人的观念，从而具有驯化人行为的强大力量。《大宪章》刚出现时,国王并不接受;但经过后来的反复博弈,国王与贵族都开始把接受《大宪章》视为理所当然之事。由此,规则与政治力量的互动,又创造了政治进化的新平台。

议会

作为政治平台的议会是如何生长的

为了约束国王的权力,英国人迫使国王签署了《大宪章》,而这一宪章规则的制定是以贵族的武力资源为后盾的。但问题是,总不能时时都通过武力来解决问题吧?于是,英国人又创造了一个新的政治发明——议会。

起初,《大宪章》约定,由 25 名男爵①成立一个临时机构来监督国王;而后,1258 年颁布的《牛津条约》又约定,设立一个由 15 名男爵组成的贵族会议来约束王权。问题是,这个小规模的贵族会议后来是怎么成长为如今这样一个规模庞大的议会的呢?

---

① 这里说的男爵,其实是直属于英格兰国王的高级贵族的统一称谓,贵族的实际头衔包括公爵、伯爵等。

不仅如此,在这个过程中,议会还把王权管住了,成为英国的主权机构,后来又实现了下议院的全民普选。那么,它到底是如何演化的?[38]

英格兰议会的起源

英格兰议会的演化涉及一个基本的政治学原理:**一旦一个政治实体诞生,它的生长和演化就既不由创设这个实体的初衷决定,也不由某个政治博弈者单方面决定,而是有一套它自己的演化动力机制。**

为了说清楚这个问题,我们要简略回顾一下英国议会最初的历史。上一节讲到,国王不见得会遵守《大宪章》。于是,贵族们发明了一个由 25 名男爵组成的临时机构来监督国王。但这种监督机制成本非常高,主要是靠战争威胁。通俗地说,国王不守规则,贵族们就要联合起来反抗国王。所以,这并不是一个好办法。

为了解决监督成本高的问题,在《牛津条约》中,贵族们创设了一个由 15 名男爵组成的贵族会议。这个贵族会议规模很小,权力却很大。国王在处理国务时,必须遵从贵族会议的意见。此外,贵族会议还有权任命首席法官与财政大臣等。这样一来,约束国王的不再是一套宪章规则,而是一个有形的实体。这是一个重大的进步,因为在政治领域,仅有政治规则是不够的,还必须有一个相应的机构来执行这套规则；否则，这套规则就会落空。

不过，看到这里，你可能会产生一个疑问：起初，这个贵族会议只跟国王和大贵族有关，它后来为什么会吸纳不同阶层的代表呢？

这就要说到当时的政治格局了。一方面，由于事事受到贵族会议的制约，国王在政治上感到很不爽。只要一开贵族会议，国王就成了孤家寡人，因此他想要通过吸收其他政治力量来平衡大贵族的权力。当然，面向平民阶层的税收需求，也使得国王需要吸纳大贵族与主教以外的社会代表。另一方面，贵族会议创设以后，贵族一方发现，这15名男爵只是少数人的代表，而国王尽管有可能胡作非为，他看起来却是全英格兰人的代表。所以，贵族们认为，吸收更多阶层的社会代表参与，既可以提高这个会议的正当性，又能强化对王权的制约。

正是在这种逻辑之下，国王与大贵族不约而同地支持吸纳其他政治力量。就这样，到了1295年，第一个现代版的英格兰议会形成了，史称模范议会。当时参会的有超过100人的大贵族与大主教、主教等，还有各郡选出的骑士代表（每郡2名）和各自治市镇选出的市民代表（每市镇2名），其中骑士代表和市民代表共292人。

这样一来，贵族会议就变成了全国性的议会。不过，出乎意料的是，国王和大贵族本来是想把骑士代表和市民代表吸纳进来给自己帮腔，结果，他们后来竟然慢慢成了议会的支配性力量。

02 社会如何控制权力 | 83

两院制与议会主权的演化

在英格兰模范议会开始之后的较长时间里,国王与主教、男爵们召开会议更加频繁,讨论的政治事务也更加广泛。不过,主要在涉及税收事务时,国王才需要向骑士代表和市民代表咨询意见,听取其表决结果。尽管从身份上说,各郡骑士代表也是贵族,但在财富上,他们与大贵族的差距过于悬殊;在政治上,大贵族是国王的贵族会议成员,骑士代表们则不是;在代表性上,大贵族是世袭制,代表的是他们自己,骑士代表则是由各郡骑士选举出来的,代表的是各郡。

这样说来,骑士代表其实跟来自自治市镇的市民代表更为相似。慢慢地,到了14世纪上半叶,议会就演变成了大贵族和大主教、主教们一起开会,而骑士代表跟市民代表一起开会。两者的最大差异在于,前者不是靠选举,而是基于他们本身的身份产生的,后者则是通过选举产生的,代表着英格兰各郡的民意和诉求。这样,英格兰议会的两院制格局逐渐确立,即由大贵族和大主教、主教组成的上院,以及由骑士代表和市民代表组成的下院。

不过,这时的英格兰议会还不是英格兰的主权者。在此后的几百年间,国王、大贵族、主教、骑士代表以及市民代表,继续在议会这个平台上博弈,每一方都试图成为议会的主宰,但同时,他们也都不得不面对其他政治力量的制约。

这种博弈最终呈现出两个趋势：一是议会相对于国王的权力不断上升，因为议会既包括大贵族和主教，又包括各郡和各自治市镇选出的代表，而国王只代表他自己；二是下院相对于上院的权力不断上升，因为下院议员是由选举产生的，具有更高的代表性与正当性。当然，到了后来，骑士不再享有普通贵族的特权，下院议员全部来自普通选民的选举，下院也就逐渐定型了。

到了1688年，詹姆斯二世的统治被推翻，英国议会批准、授权詹姆斯二世的女婿威廉及其长女玛丽统治英国。这就是著名的光荣革命。但随后，也就是1689年1月，议会要求威廉和玛丽必须遵守《权利宣言》。同年10月，该宣言经议会批准定为法律，即《权利法案》。

《权利法案》规定：没有议会的同意，国王不得中止法律的效力，不得征税，不得维持常备军。1701年通过的《王位继承法案》还明确了一条原则：议会可以通过立法干预英国王位的继承。这样，议会主权就在英国完全确立起来了。

正是议会主权的确立，导致英国后来出现了国王统而不治的情况，出现了对议会负责的内阁，继而又导致了责任制政府的兴起、政党政治的形成，等等。而所有这一切的起点，就是议会这个起初很不起眼的政治平台。

普选权的由来

19世纪早期，议会还只是极少数人的议会。从1832年开始，英国先后推动了多次选举改革。到1928年，终于落实了不分男女的普选权。

对此，你可能会有一个疑问：英国很多精英起初肯定是反对普选权的，他们又掌控着议会，那么，为什么议会要通过选举改革，赋予普通平民投票权呢？

简单地说，这主要是受到自下而上和自上而下两种政治动力机制的影响。

1832年选举改革之前，英国仅有4.4%的成年男性公民拥有投票权。投票权的具体标准，英国各地略有差异，但总体上，只有在乡村或城市拥有土地、房屋等财产或纳税达到一定额度的男子才拥有投票权。所以，实际上，当时的英国仅有少数较富有的男性公民拥有投票权。平均下来，每100个家庭中，大约只有八九个家庭拥有投票权。在这些家庭中，真正的大贵族和大富豪仅占较低的比例，其他大部分拥有投票权的家庭，不过是上层中产阶级而已。他们中的很多人都主张，应该让更多中产阶级，甚至让普通平民拥有投票权。也就是说，一部分人先拥有投票权，成了让更多人拥有投票权的驱动力量。

这种自下而上的机制，还推动了自上而下的变化。上层中产阶级的政治态度，使那些明确反对普选权的政治家更难当选。这就迫使托利党（即后来的保守党）不得不调整自己的政治纲领。托利党的许多政治家不再公开主张反对选举权的扩大，甚至转而支持更多人获得选举权。

当时，土地贵族更愿意支持托利党，工商阶级、中产阶级则更愿意支持辉格党（即后来的自由党）。[①]这样一来，辉格党产生了一种政治想象：如果更多的普通中产阶级或平民获得了投票权，辉格党就会获得更多的票仓，因为新获得投票权的普通人更有可能支持辉格党。于是，辉格党更加赞成给予更多人投票权。

1831年，辉格党提出选举改革方案，被托利党主导的上院否决，之后，多个城市出现了骚乱和暴动。这使选举改革变得迫在眉睫。就这样，逐步降低，直至取消选民的财产资格限制和落实男女平权，成了选举改革的主要方向。

此后，英国经历了一系列议会与选举改革，比较重要的包括1832年、1867年、1884年、1918年和1928年选举改革。这些改革最终落实了21岁成年公民的普选权，而不再设立投票权的任何财产资格门槛。至此，英国才成为一个完整意义上的现代民主国家。

---

① 17世纪末，围绕詹姆斯二世能否继任国王这一问题，形成了托利党与辉格党这两个政治派别。后来，它们演化为英国18世纪到20世纪早期两大主要政党。一般来说，托利党起初更代表土地贵族的立场，辉格党更代表自由工商业阶级的立场。后来，托利党变成了保守党，辉格党变成了自由党。

◇◇◇

从 1258 年到 1928 年，经过漫长的 670 年的演化，英国议会终于完成了从一个小型贵族会议，向一个下院由普选产生的庞大代议机关的转型。这一进程，既不是国王或贵族有意设计的，也不是某个势力单方面能够控制的。作为一个独立的政治实体，一旦产生，它就有了自身生长、演化的逻辑与动力。[39]

通过英国议会的演化，我们可以获得两个重要的观点。

第一，正如经济学家哈耶克所言，**很多重要事物并非人为设计的结果，而是社会演化的产物**。[40] 起初，为了约束王权，英格兰贵族创设了贵族会议。后来，为了寻求更大的合法性，议会不断扩大规模与代表性。最后，国会下院议员的选举权得到普及，终于落实了民主制。正是通过这一系列旧瓶装新酒的操作，英国完成了向现代政治的完整转型。

第二，**政治往往是社会结构的投射，社会结构的变迁是引发政治变迁的重要动力**。从中世纪到近代，英国政治变迁的动力是封建主义的社会结构及其演化，其中贵族与国王的政治博弈又是关键。工业革命以后，工业化和城市化推动了平民在政治上的崛起，这又构成了推动英国落实普选权的社会条件。

民主

现代民主是如何成为可能的

19世纪初,英国以议会为中心的制度模式已经逐渐定型,这种模式包括立宪主义、法治、议会主权、责任政府、政党政治等关键要素。但直到1928年,英国才落实了普选权,实现了完全的民主化。

跟英国相比,美国在1787年制定了宪法,明确了总统、参议员、众议员经由选举产生的原则,但最初各州也只赋予了少数人投票权。直到1828年,在美国所有白人成年男子中,拥有投票权的比例才勉强达到50%。至于不分财产、种族和性别的普选权,要到20世纪60年代才完全落实。

可是,为什么直到19世纪,民主制才逐渐在欧美国家兴起呢？要知道，这时距离雅典古典民主制度的失败，已经过去近2000年了。

政治力量和权力结构

本书前面的内容已经揭示了一条定律：**对很多人来说，权力是个好东西。如果一个人能控制权力，他通常不会跟第二个人分享。**而迫使一个人跟其他人分享权力的唯一原因，就是政治力量的此消彼长。只有当原先无权的阶层由于某种原因获得了更大的政治力量时，掌权者才会被迫与他们分享权力。这时，政治权力的结构也会发生改变。

这样的例子非常多。比如，雅典城邦时期，军团步兵和平民水手在战争中变得更加重要，于是古典民主制逐渐兴起。而到了中世纪，重装骑兵成为国家主要的武力资源。一个重装骑兵的装备，相当于二三十户普通平民的全部家产，因此只有贵族才有实力配备。这就强化了封建主义的权力结构。

比如，在公元4世纪的中国，东晋皇室渡江以后，一度有"王与马，共天下"的说法。这里的"王"是指琅琊王氏家族，以王敦、王导为首；"马"则是指东晋皇族司马家族。简单地说，当世家大族实力强盛时，君主就不得不建立一个与士族共治的政治结构。这说的就是东晋门阀政治的故事。

再比如，《独裁者手册》的作者布鲁斯·布尔诺·德·梅斯奎塔提到过一个例子，1865—1909年统治比利时的国王利奥波德二世，成功地把比利时从一个非民主的君主国变成了民主国家；但与此同时，他在刚果实施着残酷的殖民统治。同一个国王，施行完全不同的统治，原因就在于，在当时的比利时，他必须让很多人满意才能维系统治；而在刚果，他只要让少数人满意，就能毫不费力地维系统治。[41]

其实，日常生活中也有类似的例子。在企业里，如果一个人贡献太大，不给股权往往是不行的。这也是为什么越是新设企业，越是需要创新的企业，期权制度就越流行。

所有这些例子，都揭示了另一条重要的政治学原则：**政治结构是社会结构的最终表现。或者说，政治结构是社会结构的晴雨表。**[42]

"证券分析之父"本杰明·格雷厄姆说过："股票市场短期是一个投票机，长期是一个称重机。"[43]意思是，股票价格短期内难以预测，因为常常面临各种短期扰动因素，而长期却能比较可靠地反映出公司的基本面。类似地，政治权力结构短期内也会有各种难以预测的波动，但长期往往反映的是社会结构的基本变动。

普通民众进入政治舞台

按照上面的逻辑，民主制兴起的前提是普通民众拥有了更强的政治力量。那么，普通民众拥有政治力量的原因是什么呢？

答案是，从 18 世纪晚期到 19 世纪，英美国家所发生的经济、技术、观念变迁，造就了一个更加平等的社会。越是平等的社会，人与人之间政治力量的差距就越小，就越有机会成为一个民主社会。

以英国为例，封建主义衰落、资本主义崛起、工业革命发生、城市化进程启动……这些社会变迁导致了一系列重要的结果。

首先，社会的主要财富，从土地这样的固定要素变成了工商业资本这样的流动要素。这使一个个穷小子、技术工人可以通过创办企业变成富人，阶层流动性大大提高。同时，这也意味着土地已经不再是财富的首要来源。可以想象，11—17 世纪，英国最富有的人几乎都是占有土地的大贵族；到了 19 世纪，英国最富有的人则多数是通过创办企业发家致富的企业家。

进一步说，这也使上下阶级之间从原先的人身依附关系变成了自由合作关系——从无地的农奴与贵族老爷之间的关系，变成了产业工人与他所服务的企业家之间的关系。可以说，这已经是两种完全不同的关系了，而一个普通工人的自由度和选择权，也是一个封建制度下的农民或农奴完全无法想象的。

1910 年前后，美国企业家亨利·福特主动把福特汽车公司熟练工人的薪水提高到 5 美元一天，相当于其他公司的 2 倍以上。这种做法的道理就在于，工厂只能激励工人，而不能强制工人。

其次，印刷术的普及、廉价教科书的获得，以及工业化对劳动者素质的要求，还带动了大众教育的兴起。

1870年普法战争结束后，普鲁士统帅毛奇将军对法国人说："普鲁士的胜利早就在小学教师的讲台上决定了。"这是什么意思？从19世纪初到19世纪70年代，普鲁士建立了大量的学校，使得普鲁士人，包括普鲁士军人都具备了更高的文化素质。

从资源的角度看，18世纪晚期到19世纪的英美国家，跟封建时代的国家已经不可同日而语了。正是因为财富资源和知识资源有了更平等的分布，不同个体与群体之间在权力、财富和知识方面的差距进一步缩小，民主制的兴起才成为可能。

当然，你可别觉得以上观点的论证都靠讲故事，它其实也有来自定量研究的支持。

芬兰政治学者塔图·温汉南做了一项研究，样本包括172个国家，时间跨度长达一个半世纪。温汉南考察了六项指标，分别是：城市人口比重、非农业人口的比重、大学生占人口的比重、成年人口的识字率、家庭农场的比重以及非农业经济资源的分散程度。从18世纪晚期到19世纪，这些指标都大幅提高，这意味着这些国家权力资源分布的分散程度提高了。他发现，一个社会的经济资源与知识资源越分散，也就是社会越平等，就越有可能实现民主。[44]

看到这里，你或许会想到一组相反的案例——那些石油资源储量丰富的国家似乎更难实现民主。事实上，全球石油资源储量最丰裕的中东和北非地区，恰恰是民主程度最低的地区。其中的原因在于，当一个社会的主要财富来自石油，又有极少数人控制着石油时,这个社会就是高度不平等的资源分布结构,也就更难实现民主。

新的政治发明为民主赋能

平等固然使民主成为可能,但民主政体也曾经遇到过很多困难。从雅典城邦的首次实践来看,民主政体不仅遭遇了国家规模困境,本身还面临着大众知识不足、多数暴政等问题。那么,为什么在19世纪,民主可以成为现实呢?

一个主要的原因是,英国人从13世纪到18世纪创造的很多政治发明,特别是代议制、立宪主义、法治以及分权制衡,既让民主制克服了国家规模困境,又让民主制克服了大众知识不足、多数暴政等可能会出现的问题。

其中的逻辑问题其实是相当复杂的。简而言之,比如,古希腊雅典城邦民主制的国家规模困境,是由直接民主制带来的。但通过代议制民主,全国各地的普通公民可以通过选举代表、成立议会的方式来管理国家公共事务,这就克服了国家规模困境。进一步说,代议制民主选举出来的代表,一般要比普通公民具备更多的知识和更高的政治能力,所以能克服普通大众在治国能力、知识与技艺上的不足。此外,立宪主义、法治和分权制衡往往能够通过不同的规则与路径来限制多数派单方面的权力与决策,从而防止多数暴政的出现。

◆◆◆

总的来说，18 世纪晚期到 19 世纪社会条件的平等化，使民主兴起成为可能；而 19 世纪之前人类社会累积的政治发明，使民主兴起成为现实。这就是英美国家现代民主政体兴起的主要逻辑。

从中我们可以得到一个启示：**政治现象是结果，社会变化才是原因**。这一原则也可以帮助我们理解今天西方政治的新现实。

2010 年以来，西方主要国家出现了很多新的政治现象，比如右翼或极右翼政党的快速崛起、民族主义思潮的复兴、本国优先与反全球化成为政治口号、抵制与限制外国移民成为新的政治纲领，等等。我把这些现象称为"西方'硬政治'的回归与现实主义的复兴"。这些政治现象的背后，其实是最近几十年全球化驱动的欧美国家内部经济不平等的加剧、制造业就业机会的流失、移民与族群宗教多元主义的上升，等等。[45] 所以，这些政治现象是结果，它们背后的社会变化才是原因。

制衡

司法审查为何能约束民主权力

19世纪以来兴起的现代民主,成为人类控制政治权力的终极解决方案。但是,新的问题又来了。

比如,在一个民主国家,凭借人数优势,多数平民投票通过了一部剥夺富人财产的法律,或者多数族群投票通过了一部限制少数族群权利的法律,那么,这样的法律应该生效吗?这里涉及的问题是,当人民成为主权者之后,民主的权力是否还要被约束。接下来,我们就以美国司法审查制度为例,来看看民主的权力是如何受约束的。

联邦最高法院的司法审查权

众所周知，美国采取三权分立与制衡的制度，而在总统、国会和联邦最高法院这三者之间，联邦最高法院是最弱小的。它既不像总统那样能掌握军队、控制官僚机构，又不像国会那样手握批准法律与政府预算的大权。那么，联邦最高法院如何才能制约总统与国会的权力呢？

这就要说到一个关键概念——"司法审查权"，或者叫"违宪审查权"。这一权力的起源，可以追溯到美国历史上著名的"马伯里诉麦迪逊案"。

1801年，美国第二任总统约翰·亚当斯在卸任前的最后一天，突击任命了一批地方治安法官。但是，当时的行政系统没有那么高效，再加上疏忽和忙乱，有一部分签署后的委任状没来得及发出，新总统就上任了。威廉·马伯里就是其中一个没有收到委任状的人。

一朝天子一朝臣。随后，新任国务卿詹姆斯·麦迪逊就扣留了这些委任状。既然没发出去，新的执政者干脆就不认账了。这样一来，马伯里不干了：明明我已经被任命了，怎么你们一换届就不认账了呢？于是，他将麦迪逊告到了联邦最高法院。

这个案子的判决发生在1803年。那时，美国的首席大法官正是后来大名鼎鼎的约翰·马歇尔。这个案子可以说非常棘手，因为被告是新总统麾下的国务卿。而建国之初，联邦最高法院恰恰是三权中最弱的一支。当时的联邦最高法院甚至连个像样的办公室都没有，大家不得不蜷缩在国会大厦一楼的一个狭小办公室里审理案件。

如果你是马歇尔大法官，既想恰当地处理这个案件，又想让司法权变得更为强大，你会怎么做？如果判决马伯里胜诉、国务卿麦迪逊败诉，并要求麦迪逊向马伯里颁发委任状，实际上就相当于判决美国总统，即美国最高行政权向马伯里颁发委任状。问题是，美国总统及其任命的国务卿会接受这一判决，乖乖服从联邦最高法院的命令吗？

所以，如果这样判决，表面上看是马歇尔及其代表的联邦最高法院占据了主动地位；但实际上，对于手无寸铁的联邦最高法院来说，这一判决可能会引发总统、国务卿与联邦最高法院之间的正面冲突，比如美国总统、国务卿拒不服从判决。而一旦这种冲突爆发，联邦最高法院可能并没有多少胜算。毕竟，总统领导的行政部门在力量上要强势得多。

所以，马歇尔没有这么干，他试图用其他办法来解决这个问题：他直接驳回了这个案子，理由是这个案子不应该由联邦最高法院来审理。这意味着马歇尔做出了让步吗？当然不是。他这样做，不仅不是让步，最终还为联邦最高法院赢得了一张真正的王牌。

原来，马歇尔抓住了一个细节：马伯里将麦迪逊状告到联邦最高法院的依据，是国会通过的《1789年司法条例》第13条，该条款规定以国务卿为一方的司法案件可以直接向联邦最高法院提起诉讼。但马歇尔说，这跟《美国宪法》规定的不一样。《美国宪法》第 3 条第 2 款规定，只有涉及大使、公使、领事以及一方以州为当事人的案件，联邦最高法院才可以作为一审法院。除此之外的所有案件，都不应该将最高法院作为一审法院。因此，马伯里起诉国务卿麦迪逊的官司不能直接把联邦最高法院作为一审法院。就这样，马歇尔驳回了马伯里的起诉。

马歇尔最关键的一招，是超越这一案件本身的是非曲直，直接针对《1789 年司法条例》。由于这部法律的第 13 条违背了《美国宪法》，马歇尔判决该条款应该被撤销。

然后，马歇尔在判决书中说了一段很重要的话："宪法构成国家的根本法和最高的法律，违反宪法的法律是无效的。断定什么是法律显然是司法部门的职权和责任。"[46]

马歇尔的聪明之处在于两点：第一，他驳回了具体的案子，避免了跟总统、国务卿之间的正面冲突；第二，他顺便为联邦最高法院拿到了以《美国宪法》为依据，审查一切法律是否违宪的权力，即"司法审查权"。从此以后，司法审查就成了美国政治与司法生活中的新惯例，而行使这项权力的就是联邦最高法院。

总统和联邦最高法院的博弈

看到这里，你可能会产生一个误解，觉得《美国宪法》的含义好像都是由联邦最高法院说了算。最高法院的司法审查权仿佛高高在上，甚至可以压倒总统和国会。但事实并非如此，民主权力也会对司法权力进行反向制衡。[47]下面来看一个例子。

1933年，美国进入罗斯福新政时期。当时有人认为，罗斯福新政的很多立法与政策都违反了《美国宪法》，于是把官司一直打到联邦最高法院。而当时的联邦最高法院较为保守。

到1936年年底，在9个涉及新政立法的诉讼案件中，联邦最高法院判定其中7个违反《美国宪法》，属于政府不当干预市场，其中就包括著名的《全国工业复兴法》。这意味着联邦最高法院通过司法审查权否决了大部分新政措施。

这样一来，联邦最高法院就跟当时声望很高的罗斯福总统发生了公开冲突。作为反制手段，罗斯福抛出了一份联邦最高法院改组计划，要求当大法官超过70岁时，总统就可以任命新的大法官，直至大法官人数从9名扩张至15名。[48]罗斯福的目的很明显，就是要提名一些支持新政的大法官。

虽然这份"联邦最高法院填塞方案"并未通过，却引起了他们的恐慌。从1937年起，联邦最高法院迅速改变了对新政的立场，大法官也变得更愿意向总统和国会妥协，而非对抗。

当然，除了向民主权力做出让步的情况，联邦最高法院也会跟总统或国会进行合作，借助司法审查权来推动社会自由与平等的发展。1954年的"布朗诉教育委员会案"就是一个典型的例子。

众所周知，美国在开国之初尚有黑人奴隶制。此后很长一段时间，黑奴制度和种族问题在美国一直是一个存在重大争议的问题。随着南北战争结束，黑人在法律上取得了公民地位，但仍然被迫接受种族隔离政策。20 世纪 50 年代初，布朗提起的有关校园种族隔离的案件被诉至联邦最高法院。联邦最高法院判决，各州在学校等公共空间实行的所谓"隔离但平等"的政策违宪。只要实施种族隔离，就是不平等。

当时的民意，特别是南方各州，并不支持这一判决。但联邦最高法院毫不示弱，要求各州强制废除在公共空间进行种族隔离的政策。

故事的高潮发生在 1957 年的阿肯色州小石城。9 月 4 日，阿肯色州州长奥瓦尔·福布斯带头拒不执行联邦最高法院的判决，甚至调动国民警卫队来阻止 9 名黑人学生到小石城中心中学上学。与此同时，一大群怒气冲冲的白人开始围攻这 9 名黑人学生。后来，支持黑人学生的小石城市长伍德罗·曼恩向艾森豪威尔总统请求联邦军队的干预。9 月 24 日，艾森豪威尔总统决定派遣美国第 101 空降师开赴小石城，以保证这 9 名黑人学生可以正常入学。至此，美国这场废除种族隔离政策的运动才真正启动。

可以看到，司法审查权并不是绝对的、高高在上的，联邦最高法院与总统、国会之间是既对抗又妥协的关系。但尽管如此，从民主制度设计的角度来说，司法审查权依然是约束民主权力的一种制衡机制。

司法审查权背后的制度细节

当然,你可能还会有一个疑问:按照常理,一般人面对强权,特别是面对总统与国会的强大政治权力,往往会选择妥协,可联邦最高法院的大法官为什么敢直接出面制约总统与国会呢?

比较容易想到的原因是美国宪法的分权制衡框架,以及像马歇尔这样的大法官拥有高超的政治技巧,等等。但这些还不够,这个问题的背后其实有一个重要的制度细节。

根据我们的常识,民选职位往往具有更高的合法性。但大法官并不是民选的,而是由总统提名、参议院批准后任命的,并且一旦任命就是终身任职,除非因渎职而被弹劾。

恰恰就是这种不那么民主的大法官提名制度和终身任职制,构成了他们行使司法审查权的关键。因为在这种制度下,他们不必面对来自选民的政治压力,也不必面对来自党派政治运作的政治压力,可以超然于民意之上,根据自己的良心和对宪法的理解来独立判案。

◇◇◇

通过美国司法权与民主权力的相互制约,我们可以得到一个重要的启示:**政治是一个既需要讲究原则,又需要懂得妥协的过程**。拿美国联邦最高法院的几位著名大法官来说,如果他们不坚持宪法原则,最高法院就无法获得后来的司法审查权;但如果他们不懂得妥协,最高法院可能早就在与总统、国会的正面对抗中被击得粉碎了。所谓政治,其实是一种平衡的艺术。

03

制度设计的政治智慧

前两章讲了权力如何管理社会，以及社会如何控制权力，这其实都跟政治制度有关。有趣的是，不仅发达国家与发展中国家的政治制度常常存在显著的不同，即便同为发达民主国家，其具体政治制度的安排也有很大的差异。

从柏拉图、亚里士多德到今天的政治学研究，普遍赞同政治制度的重要性。这一章，我们就来了解一下，政治制度设计在人类政治生活中所扮演的角色，特别是具体的制度设计对实际政治运作究竟会产生什么样的影响。

当然，这方面的研究非常多，想要用有限的篇幅把所有重要的理论与逻辑讲清楚，是相当困难的。接下来，我们主要通过对几个典型制度问题的解读——比如政府形式、政党、选举制度、央地关系等，带你领略制度设计背后的关键逻辑与政治智慧。

政府形式

议会制好,还是总统制好

说到制度设计,一定离不开最高权力的配置。而最具代表性的最高权力配置,是行政机关与立法机关之间的关系。行政机关,就是总统、首相或总理领导的政府部门;立法机关,就是议会、国会或立法院。这种关系的不同,又被称为狭义上的政府形式差异。那么,政府形式的不同,是否会影响实际政治的运作?

英国议会制与美国总统制

西方国家的政府形式主要分为两种模式:一种是英国这样的议会制,由民选的议会决定首相与内阁人选,然后由首相与内阁掌握行政权,对议会负责;另一种是美国这样的总统制,民选的总统掌握行政权,同时,民选的国会掌握立法权,总统与国会互不统属。

为了更好地理解议会制与总统制的不同,我们可以先看一个故事。

2013年10月1日,由于美国国会没有批准奥巴马政府新财年的预算案,美国联邦政府被迫进入部分关闭状态。那么,奥巴马政府为什么会"关门"呢?

直接原因很简单,美国财政实行的是政府花钱、国会批准的模式。当国会不批准政府预算时,白宫就没有钱来维持政府运转,因而也就不得不"关门"。

但这只是直接原因,美国媒体普遍认为,更深层的原因主要在于两点:一是金融危机之后,联邦政府已经债台高筑,债务总额甚至多次触及国会批准的债务上限;二是奥巴马政府试图推行的医改法案遭到国会反对党,也就是共和党的抵制,议员们想借此迫使奥巴马让步。

这个解释很有道理,但还不够。我们不妨拿英国来做个对比。相比于美国,英国政府的财政状况也不理想,英国反对党也不支持政府的预算与改革法案,为什么英国就没有出现政府"关门"事件呢?

这就涉及英国议会制模式与美国总统制模式的差异了。

在英国议会制模式下,议会下院的议员由选民选举产生,然后议会下院决定首相人选及内阁组成人员。这样一来,首相自然要对议会负责。但与此同时,首相往往是议会下院多数党或多数派联盟的领袖。所以,首相表面上要对议会下院负责,实际上又控制了议会下院的多数席。也就是说,首相的预算或改革法案通常都能得到议会下院多数席的支持。这就是英国政府不容易停摆的原因。

而在美国总统制模式下,选民分别选举总统、国会参议院和众议院的议员。这意味着总统既不是由国会产生的,也不需要对国会负责。同时,这还可能导致一种结果——总统所在的政党无法控制国会参议院或众议院的多数席。

以奥巴马2012—2016年的任期为例,奥巴马属于民主党,但在他任期的前两年,共和党控制了众议院的多数席。理论上,共和党控制的众议院可以对总统的财政预算和法案投否决票。后面两年,共和党又控制了参议院的多数席,这样就控制了参众两院的多数席。因此从理论上说,共和党控制的国会不仅可以否决总统的财政预算与法案,还可以否决总统的重要人事任命和对联邦最高法院大法官的提名。本节开头讲到的2013年美国政府"关门"事件,就是这一政治结构导致的结果。

其实早在1990年,耶鲁大学教授胡安·林茨就写过一篇名为《总统制的危害》的论文,其中辛辣剖析了总统制模式的缺陷。[49] 林茨认为,总统制模式的首要问题是容易引发总统和议会的双重合法性冲突。

所谓双重合法性冲突，简单地说，就是总统和议会都由民选产生，都拥有最高的合法性，当两种权力意见不一致时，到底谁听谁的呢？如果总统的大量提案都无法在国会通过，而总统又坚持自己的立场，就容易出现政治僵局。如果政治僵局长期无法得到解决，就会导致民主政府的瘫痪。倘若再加上其他复杂的政治情形，比如政府不得不面对内部的经济不稳定、阶级或族群冲突，或者不得不面对外部的军事威胁，乃至武装冲突，就有可能会引发宪法危机。如果这样的事情发生在一个发展中国家，甚至有可能会导致民主政体的垮台。

相比之下，在议会制模式下，如果首相或总理的预算、法案或重大决定无法得到议会的多数支持，首相与内阁就有可能选择辞职或被要求辞职。这意味着在议会制模式下，首相或总理的非固定任期，以及依赖于议会下院的多数支持这一制度安排，可以避免行政权与立法权的双重合法性冲突。

林茨教授特别提到，拉丁美洲国家历史上民主政体的不稳定，就跟它们采用总统制模式有关。举个例子。1973年9月11日，拉丁美洲的民主国家智利发生了军事政变，起因就是民选总统阿连德的政党在国会仅拥有不到20%的议席。后来，阿连德只能依靠总统命令强行推行自己的政策。但国会认为，总统这样做缺少合法性。国会与总统互不相让，导致了政治僵局。最后，军人出场了，民主就垮台了。

为什么总统制政体数量有增无减

看到这里,你可能会想:既然总统制有那么多缺陷,为什么美国还一直坚持这种模式呢?尽管美国发生过政府"关门"事件,但它的民主政体不是一直挺稳定的吗?实际上,在20世纪八九十年代之前,美国几乎是唯一一个保持长期稳定的总统制民主政体的国家。

政治学者斯考特·梅因沃林认为,美国这个特例之所以能成功,关键在于两党制。这意味着,**政党体制是总统制稳定与否的关键**。[50] 因为搭配总统制的是两党制,所以结果要么是总统能得到国会多数席的支持,要么是总统无法得到国会多数席的支持,但由于只有两党,双方更容易协调。美国就属于后一种情况,尽管不时发生政府"关门"事件,但到了最后关头,民主党和共和党通常都会互相妥协,达成一致。

但如果是多党制和总统制组合在一起,总统领导的政党往往会在国会拥有相对低比例的议席;加上国会党派众多,不同党派又在诸多政治议题上难以达成一致或形成共识,所以就容易出现政治僵局。前面说到的智利就属于这种情况。

由此看来,总统制运转良好似乎是特例,运转不佳才是常态。既然这样,新兴民主国家为什么不主动回避总统制模式呢?我对此做过一项研究,发现自1974年以来建立的新兴民主化国家,采用总统制的数量竟然是采用议会制的两倍之多。这难道不是一个悖论吗？

其实，前面对总统制与议会制利弊的比较，更像是在真空中进行的。一种政府形式能否运转良好，往往还跟一个国家的历史或传统有关。研究发现，运转良好的议会制，主要出现在议会传统深厚与政党政治发达的国家。英国就是这样一个国家。

但是，很多发展中国家缺少这种传统。当这些国家启动民主化之后，议会政治通常很难"玩得转"，更别说"玩得好"了。从政党格局来说，这些国家往往会出现小党林立的局面，结果要么组阁非常困难，要么总理和内阁地位脆弱，容易被倒阁。这样一来，议会制就无法塑造稳定有效的执政力量。

既然如此，还不如直选总统，至少这样可以避免执政力量的碎片化。选民直选的总统拥有较高的合法性，同时又手握巨大的实权，也就可以解决"谁来统治"的问题。

进一步说，总统制的实际运作可能并不像林茨教授分析的那么僵化。比如，总统即便是少数党，也可以通过组建政治联盟来巩固政权。[51]试想一下，即使总统的政党只占国会20%的议席，但总统总可以组建超越本党的政治或政党联盟。这样，政治上就存在一党总统与多党内阁组合的可能。近些年，巴西、印尼等国都呈现了这种一党总统与多党内阁组合的模式，政党之间的政治联盟就在其中扮演了重要角色。

具体来说，总统可以把内阁的重要职位，包括外交部部长、财政部部长、国防部部长等分配给其他政党的主要领导人。这样，他就有机会组建一个控制国会 50% 以上议席的政治或政党联盟。通过组建这样的政治或政党联盟，总统就更能成为一个卓有成效的总统。

◇◇◇

通过议会制与总统制的大论战，我们可以得到两个重要启示：

第一，考察一种制度模式的有效性，不仅要考察制度本身的逻辑，还要考察制度与社会条件的匹配性。议会制与总统制的差异当然重要，但政党体制与议会传统等因素也会影响其实际表现。

第二，一种制度模式的调适能力和学习能力也很重要。过去，学术界更喜欢强调总统制导致政治僵局的逻辑，却低估了总统制在实践中的灵活性。

政党制度

政党为什么会兴起

对于现代政治生活,政党的存在似乎是一件极其自然的事。放眼全球,没有哪个大国的政治能离开政党。然而,就在200年前,政党还被认为是政治上的不祥之物。比如,美国首任总统乔治·华盛顿认为,政党强调的是派系利益,不是整体利益,所以对共和国没有什么好处。这是为什么呢?事情还要从美国建国时说起。

华盛顿为何反对政党

1789年,乔治·华盛顿就任美国第一任总统。华盛顿认为自己是一位超党派的总统。他既任命了联邦党人亚历山大·汉密尔顿做财政部部长，又任命了反联邦党人、《独立宣言》起草者托马斯·杰斐逊做国务卿。但相比而言，华盛顿对汉密尔顿更为倚重，内政外交事务都要咨询他的意见。甚至可以说，汉密尔顿就是华盛顿政府的操盘手。

汉密尔顿本身也是一位了不起的政治家。他是《美国宪法》的主要起草者和《联邦党人文集》的主要撰稿人，对美国建国影响重大。就任财政部部长后，在政策上，汉密尔顿沿袭联邦党人的传统，主张加强联邦政府的权力，主动承担各州的战争债务，创办国家银行等；在人事上，他则凭借华盛顿的信任，大量任用自己的支持者。

然而，汉密尔顿这种做法引起了托马斯·杰斐逊的反感。他既反对汉密尔顿扩张联邦政府权力的政策，又怀疑汉密尔顿某些做法的动机不过是要为银行家和寡头们谋利。

慢慢地，很多人团结在杰斐逊周围，逐渐形成了民主共和党。就连汉密尔顿早期的重要盟友詹姆斯·麦迪逊也加入了他们的行列。

1791年，为了筹措资金，美国国会决定对酒类征税。然而，这是一项极具争议的政策。1794年，宾夕法尼亚州的抗税行动几乎演变为一场叛乱，史称"威士忌暴乱"。而华盛顿认为，这件事跟民主共和党的党派煽动有关。

由此，就不难理解为什么华盛顿认为政党与党派精神会分裂和威胁共和国了。华盛顿说，政党与派系没什么好处，只会煽动人与人之间的猜忌和仇恨，"挑拨一派与另一派对立"，甚至是鼓动"骚乱与暴动"。在1796年的告别演说中，华盛顿警告美国，政党与党派精神"是（共和）政府最危险的敌人"。[52]

实际上，华盛顿的担心不是没有道理的。从某种程度上说，罗马共和国就毁于党争。第二章"共和"一节提到过，公元前2世纪，罗马共和国的贫富分化日益严重，贵族与平民日益对立。而公元前133年，在一次暴力冲突中，保民官提比略·格拉古及其300多名支持者被元老院的元老活活打死。那个时候，党争已经撕裂了罗马共和国。一个世纪之后，罗马的共和政体轰然倒塌。对华盛顿来说，这种例子当然就是党争的历史教训。

为何政党还会兴起

既然政党与党争带来了诸多问题，为什么政党还会兴起呢？[53]

我们继续讲美国的故事。当时，汉密尔顿不仅深受华盛顿本人的信任，还在美国国会和华盛顿领导的政府中拥有大批追随者，可以说是"一人之下、万人之上"的人物。

起初，杰斐逊和麦迪逊并未想过要建立一个政党。但他们很清楚，如果想在美国实行自己期待的政策，最关键的一步，就是要在华盛顿卸任总统后掌控总统这一职位。可是，想要赢得总统这个职位，他们必须在各州获取足够多的选票。由此，他们开始做两手准备：一是创办报纸，鼓动舆论；二是进行私下的政治动员，组建政治联盟。

随着时间的推移，以杰斐逊、麦迪逊为首的政治派系形成了。这就是前面提到的民主共和党。华盛顿卸任总统之后，尽管联邦党人约翰·亚当斯成为第二任美国总统，但随后的第三任、第四任总统都是民主共和党人——托马斯·杰斐逊与詹姆斯·麦迪逊。

总的来说，政党兴起有两个原因：第一个原因是社会性的，也就是人与人之间、群体与群体之间的分歧；第二个原因是政治性的，即政治斗争的需要——既然民主鼓励政治竞争，那么，相比于一个人去竞争，当然是一群人团结起来去竞争更有力。

最小获胜联盟法则

既然政治联盟可以强化政治竞争的力量，那么，政治联盟是不是越大越好？当然不是。这涉及一条重要的政治学法则：**决定一个政治联盟规模的，是"最小获胜联盟法则"**。简而言之，无论是政党还是政治行为者，其最优策略就是组建最小获胜联盟，因为这样既能控制政治支配权，又能使分享政治权力的范围最小化。

更具体地说，"最小获胜联盟法则"有两个含义，第一个含义是政党组阁方面的。

假设在一个议会制民主国家，国会共有100个议席，A、B、C、D四个政党分别获得了40个、38个、12个和10个议席。A党是第一大党，有权优先组阁。要想保证稳定执政，需要在国会占有半数以上的议席。因此，A党有两种组阁方案：一种是跟B党联合，一种是跟C党联合。那么，跟谁联合是更优的选择呢？

一般来说，是跟C党联合。因为政治联盟规模越大，权力分享范围越大，每个核心成员能控制的权力和资源比重反而会降低。政治家们的理性选择，是组建一个"最小获胜联盟"。也就是说，最佳策略是组建一个恰好控制国会半数以上议席的政治联盟。而A党和C党组成政治联盟，可以拥有刚刚过半数的国会议席，足以控制国会。

"最小获胜联盟法则"的第二个含义超越了选举和组阁，着眼于统治者如何控制权力的一般性问题。这个含义是由美国学者梅斯奎塔在《独裁者手册》[54]中提出来的。

你有没有想过这样的问题：为什么丘吉尔带领英国赢得了第二次世界大战，却无法赢得1945年大选，维系保守党的执政地位？为什么刚果（金）[①]前总统蒙博托和津巴布韦前总统穆加贝在政绩方面都乏善可陈，却能长期控制权力？主要原因就是，在各自的体制之下，丘吉尔难以维系一个最小获胜联盟，蒙博托和穆

[①] 刚果（金）即刚果民主共和国，其中"金"指的是其首都金沙萨。之所以这样简称，是为了与刚果（布），即刚果共和国相区别，其中"布"是指其首都布拉柴维尔。

加贝却可以维系。

按照梅斯奎塔的看法,一个国家的政治生活中,最重要的不是名义选民,甚至不是实际选民,而是一个有能力控制核心权力的获胜联盟。

对君主制来说,获胜联盟是由一小群王室成员、高级文官、高级军官和宫廷侍卫组成的。对军人统治来说,获胜联盟是由一小群高级军官、高级文官和经济寡头组成的。而对今天的英美民主国家来说,获胜联盟的规模要大得多。无论是总统还是首相,都要确保能赢得足够数量的关键选民的支持。从这个视角来看,民主与非民主政体的主要区别,其实在于获胜联盟规模的大小。

回看前面的问题。虽然丘吉尔带领英国打赢了第二次世界大战,但只要战争威胁一解除,英国选民的关注点就转向了社会平等问题。当时,保守党并不打算以超过实际承受力的限度建设福利国家,工党却提供了一个"从摇篮到坟墓"的福利国家方案。结果,支持丘吉尔的力量不足以形成一个最小获胜联盟,工党却凭借福利国家纲领,形成了一个最小获胜联盟。

与英国不同,刚果(金)和津巴布韦都属于非民主政体,蒙博托和穆加贝这样的统治者,只需要利用自己控制的力量与资源,设法搞定一批高级军官、高级文官、安全与警察部门负责人,换取他们的支持与忠诚,就可以保证地位无忧。有了这少数人的效忠,这些人领导的官僚队伍和强力部门就会去搞定更大范围内的潜在反对派。

◇◇◇

　　这一节的重要启示是：**政治通常都不是单打独斗，而是涉及人与人之间的联盟、合作与对抗**。而影响政治联盟的因素，既包括正式规则，比如宪法和法律，也包括非正式规则，比如大家普遍遵循的传统与惯例，还包括重要政治家的领导力。总之，政治运作的良善与否，跟人与人之间如何组建政治联盟密切相关。

国会选举

为什么选举制度能左右政党体制

上一节讲了政党为什么会兴起，但没有解释为什么不同国家的政党体制是不同的。比如，为什么美国是两党制，而德国是多党制？其实，这一切都要追溯到其背后的国会选举制度。这一节，我们就来探究一下国会选举制度是如何影响政党体制的。

魏玛民主政体的崩溃

政治学家们发现了一个有趣的现象：一种制度一旦落地，其政治效应往往不是最初的设计者可以预见的。国会议员的选举制度就是一个典型的例子。

纵观整个 20 世纪的人类历史，德国魏玛共和国的垮台可以算是一个重要的政治事件。1918 年，魏玛共和国成立，它后来拥有了当时世界上最民主的宪法《魏玛宪法》。但仅仅过了 14 年，也就是 1933 年，希特勒就开始掌权，废止《魏玛宪法》，魏玛共和国随之退出了历史的舞台。

那么，魏玛共和国的民主政体为什么会崩溃呢？[55]一个重要原因是，魏玛共和国国会的政党数量过多，小党林立，政党体制高度碎片化，无法形成稳定的执政力量。比如，在希特勒上台之前，魏玛共和国最后三届总理在国会的支持率都不到 10%。

我们可以进一步问：魏玛共和国的政党体制为什么会呈现高度碎片化的状态呢？答案是，魏玛共和国国会采用的选举制度是比例代表制。

看到这里，你可能会产生一个疑问：为什么说国会选举制度可以决定一个国家的政党结构？

法国政治社会学者莫里斯·迪韦尔热进行过一项著名的研究，发现了一个规律：**简单多数决定制的选举制度更容易导致两党制，比例代表制的选举制度更容易导致多党制**。这个规律也被称为"迪韦尔热定律"（Duverger's Law）。[56]

简单多数决定制与比例代表制

简单地说，议会选举制度就是规定选民投票怎么转换为议员议席的规则。基本的选举制度有两种——简单多数决定制和比例代表制。

简单多数决定制的基本做法是，把全国划分为为数众多的选区，每个选区仅设置一个议席，得票最多的候选人当选。英国和美国的国会议员选举采用的就是这种制度。拿英国来说，议会下院共650个席位，全国分为650个选区，每个选区产生一个议席，获得相对多数票的人当选。

比例代表制的基本做法是，把全国划分为数量较少的选区，每个选区设置多个议席，选民对政党名单进行投票，政党再根据所得选票的比例来分配议席。欧洲大陆国家比利时、丹麦，拉丁美洲国家巴西、阿根廷等，国会或国会下院选举采用的就是这种制度。拿瑞典来说，目前瑞典议会大选将全国分为29个选区，每个选区有2～43个不等的议席，议席总数为349个，各政党根据该政党在各选区的得票来分配各选区的议席。

用一句话来说，简单多数决定制的特点是小选区，赢家通吃；比例代表制的特点是大选区，按比例分配议席。

至于这两种选举制度更具体的不同之处，我们不妨来做一个思想实验。假设有一个民主国家，国会选举采用简单多数决定制。全国被划分为400个选区，每个选区产生1个议席，得票领先者胜出。由于每个选区只产生1个议席，所以简单推理就可以知道，在这种情况下，每个选区只有排名最靠前的两位候选人才有机会当选，而排在第三名之后的候选人基本上不会有什么机会。换成政党，就是两大主要政党的候选人。可见，这种选举制度有利于塑造两党制。

此外，这种选举制度还会对选民的心理产生微妙的影响。举个例子，假如一个选民最支持主张环保优先的第四大政党绿党，但本选区只有一名候选人可以当选，那么，他会投票给谁呢？虽然他的本意是支持绿党，但他只要经过认真考虑就会知道，该党候选人当选机会渺茫。对他来说，最理性的做法是在第一大政党和第二大政党中挑选一个比较不讨厌的。这种心理机制也有利于塑造两党制。

美国和英国就是从简单多数决定制的选举制度发展到两党制的典型国家。

再回到前面的思想实验。还是同一个民主国家，国会还是有400个议席，但选举制度改成了比例代表制。全国被划分成东、南、西、北四个选区，每个选区100个议席。选民要根据政党名单对政党进行投票，然后政党根据所获得选票的比例来分配议席。

还是那个支持第四大政党绿党的选民，现在他会怎么投票？很显然，他会直接把选票投给绿党。同样，一个宗教立场保守的选民，更有可能选择支持一个保守派宗教政党；一个非洲裔选民，更有可能投票给一个代表少数族裔利益的新兴政党。

这样一来，很有可能出现的结果是，最大的两个政党分别获得30%的选票，继而各自获得30个议席；中等规模的两个政党分别获得 15% 的选票,继而各自获得 15 个议席;较小的两个政党分别获得 5% 的选票,继而各自获得 5 个议席。可见,比例代表制更容易导致多党制。

进一步说,如果根据比例代表制选举的结果是国会政党数量众多,比如有 8 个或 10 个以上,就会出现政党体制的碎片化。魏玛共和国就属于这种情况,比例代表制的选举制度导致了碎片化的政党体制,进而使国家缺乏稳定的执政力量,最终引发了民主的崩溃。本章第一节提到过的智利,也是从比例代表制走向碎片化的政党体制,最终引发了军事政变。

你看,起初政治家们设计国会议员的选举制度,只是希望解决谁来代表选民的问题。但没想到,国会选举制度一旦确立,就可能会产生出乎意料的政治效应。

给选举制度打补丁

那么,既然简单多数决定制与两党制的组合更具优势,为什么还有那么多国家采用比例代表制呢?原因很复杂,但一个主要理由是,比例代表制被认为更具代表性。也就是说,各个社会集团都有机会分享政治权力。

两党制虽然稳定性比较高,但有一个地方饱受诟病,即两党"专制"问题。你可能听说过英美两国很多对两党制不满的选民的自嘲:你只能在两个"烂苹果"之间做选择,挑一个还没有烂透的，此外别无选择。这说的就是所谓两党"专制"的问题。

比例代表制就不同了。由于能进入国会的政党数量较多，选民就有了更多选择权，代表性也就更充分了。然而，凡事都有相对的另一面。比例代表制固然有更高的代表性，但正如前文所说，它容易降低民主政体的稳定性。而没有稳定性，讨论代表性有什么意义呢？

这又牵涉到现代民主政体的一个两难困境：到底是要更好的稳定性，还是要更好的代表性？以一家公司来打比方，就是选择让大家的意见都能得到体现，还是追求决策的效率与速度。

如果想让比例代表制运转良好，就必须解决好它所带来的基本的政治稳定问题。其中最关键的，就是要防止政党体制的碎片化。针对这一点，在魏玛共和国崩溃以后，政治家们设计了很多方案，来为比例代表制"打补丁"。

其中一个办法是设置政党门槛。政党只有所获选票达到一定的比例——通常是3%～5%，才能获得议席分配的资格。这样做就是为了阻止"迷你型政党"进入国会。

另一个办法是缩小选区规模，同时增加选区数量。这里的选区规模，不是指一个选区的人口规模，而是指一个选区究竟能产生几个议席。比如，大选区可能会设置80个或者100个议席，而小选区可能只设置8个或10个议席。从经验上看，选区规模越小，能当选的政党数量就越少，也就能通过这种方式控制政党体制碎片化的程度。

正是通过这样的修修补补，比例代表制在保证充分代表性的同时，政治稳定性也得到了提升。这就是今天有很多新兴民主国家采用比例代表制的原因。我进行的一项研究发现，在第三波民主化国家中，有大量国家通过缩小选区规模和设置政党门槛，避免了纯粹比例代表制容易导致极化多党制的政治效应。比如，20世纪70年代转型的西班牙，目前的选举制度设计尽管选择了比例代表制，但它的选区规模平均仅为7个议席，同时还设定了地方选区政党的支持率必须达到3%的当选门槛。所有这些做法，都是为了降低政党体制碎片化的程度。[57]

当然，如果超越比例代表制，在更大范围内考虑选举制度的选择和修补，那么，将简单多数决定制与比例代表制结合起来的混合型选举制度，则是一个可以考虑的制度选择。实际上，如今德国、日本这样的国家就将两种基本的选举制度类型组合起来，形成了混合型选举制度。一般认为，混合型选举制度可以把简单多数决定制与比例代表制的优势结合起来。

◇◇◇

一种政治制度的作用，不仅在于制度本身的功能，还在于它带来的意想不到的政治效应。选举制度会影响政党体制，是人们在设计选举制度时完全没有想到的。进一步说，即便某些制度会导致出人意料的负面效应，也不意味着它

03 制度设计的政治智慧 | 127

就一定是个坏制度。经过修修补补,政治家们或许能让一种原本有缺陷的制度实现较为良好的运转。这大概可以被称为"政治制度的弹性"。

总统选举

制度设计是如何塑造政治共识的

对于议会制国家,选举主要是选议员。而对于总统制国家,选举除了选议员,还包括选总统。上一节讲了国会选举制度带来的政治效应,这一节来看看总统选举制度是否也会带来让人意想不到的政治效应。

一轮多数制的问题

说到总统选举制度,你可能会觉得就是选民投票,得票最高者当选。其实,事情还真没那么简单。不同国家的总统选举制度是不一样的。而且,总统选举制度还会影响政治共识的塑造和政治力量的博弈。

在进入具体分析之前,先来简单介绍一下总统选举制度。

总统选举制度主要分为两种,一种是一轮多数制,另一种是两轮多数制。

一轮多数制,就是在一轮投票中,得票最多的候选人当选总统,不管他是否获得了超过半数的选票。菲律宾实行的就是这种总统选举制度。在2016年的总统大选中,罗德里戈·杜特尔特就以39.01%的相对多数票当选菲律宾总统。

两轮多数制,顾名思义,如果第一轮没有候选人获得超过半数的选票,就要对得票最多的两位候选人进行第二轮投票,领先者当选。法国实行的就是这种总统选举制度。在2017年和2022年的总统大选中,埃马纽埃尔·马克龙分别以66.10%和58.54%的选票率战胜另一名候选人玛丽娜·勒庞,连续两届当选法国总统。

按理说,一轮多数制投票非常方便,但为什么如今很多国家都采用两轮多数制呢?这就要说到二者各自的优缺点了。

前文提到过智利在1973年的民主崩溃,这跟比例代表制导致的政党碎片化有关。但实际上,这也跟该国的总统选举制度密切相关。[58]

1973年之前,智利的总统选举在民选环节采取的是一轮投票制。不过,当时的宪法还有一个规定,如果第一轮没有人得票超过半数,就由国会投票决定由哪位候选人当选。而国会的惯例是让民选环节得票数最多者当选。所以，这实际上就是一轮多数制。

在这种选举制度下，1970年，阿连德以民选环节仅有36%的得票率当选智利总统。36%的得票率意味着什么？意味着有64%的选民是不支持他的。

看到这里，你可能会想，得票没有过半数也没什么大不了的，反正是合法选出来的总统。毕竟，民主的应有之义不就是妥协嘛。但问题是，这里埋藏了一个风险——一个政治家不需要太高的门槛，也许只需要30%甚至更低的支持率，就有机会掌握国家权力。如果这个人是政治极端分子，就可能会给国家带来灾难。

当然，更现实的问题是，没有得到多数选民支持的总统，执政时往往更容易在政治或权威上遭到更多挑战。其中的原因也不难理解。假如一名总统候选人以35%的选票率当选总统，就意味着在选举日，全国有65%的选民并没有把他当作第一选择。这种制度设计，容易给新当选的总统在执政过程中制造许多阻力。阿连德就面临着这样的问题。他得票率不高，所在政党在国会又只拥有不到20%的议席，这使得他的执政地位比较脆弱，甚至有些岌岌可危。

果然，阿连德提出的许多政策都遭到国会其他政党的反对。智利的高层政治很快就陷入僵局，总统和国会时常处于对抗状态。最终，阿连德不得已，只能绕过国会，自行决定很多政策。

03 制度设计的政治智慧 | 131

可这样一来，国会认为总统企图绕开国会，以命令治国，已经丧失了合法性。于是，1973年9月11日，智利发生军事政变。这场民主政体下的政治僵局，最后以武力解决的方式收场了。

这样一分析，你应该会同意，对于智利民主政体的崩溃，一轮多数制的总统选举制度至少是要负一定责任的。**一轮多数制总统选举制度的最大问题是，它往往不利于为当选总统塑造较高的合法性。**

两轮多数制的优点

那么，要怎么解决这个问题呢？智利吸取教训，在20世纪80年代后期启动的民主转型中，改用两轮多数制的总统选举制度。在这一制度下，第二轮获胜的候选人得票率一般会超过50%，即过半数当选。你可不要小看这个得票过半数，如此当选的总统往往具有更高的合法性。

比如，在2017年的总统选举中，候选人塞巴斯蒂安·皮涅拉在第一轮仅获得36.6%的选票，跟阿连德差不多；但在第二轮选举中，他得到了54.6%的选票，成功当选总统。这无疑会帮助皮涅拉成为一个更有权威的总统，让他拥有更高的合法性，因为他最终获得了过半数智利选民的支持。

正是因为两轮多数制提高了总统的合法性，所以它逐渐成了更流行的总统选举制度。按照国际权威研究机构的统计，目前世界上实行总统直选的国家,超过 80% 都采用两轮多数制的总统选举制度。[59]

当然,两轮多数制的优点,不只在于能让总统获得更高的合法性,还在于它能促进一个国家塑造政治共识,形成更好的政治博弈结构。

还是以智利为例。今天,智利有很多政党,它们都有各自不同的民意基础和政治纲领。这也代表了一个社会的多元性。但正是因为采用两轮多数制的总统选举制度,在第二轮投票中,大大小小的政党会整合为两三个主要的政党联盟,从而起到塑造政治共识和促进政党整合的作用。

为什么会产生这样的政治效果呢?试想一下,如果你是一名重要的政治家,在一个实行一轮多数制总统选举制度的国家,无论来自哪个政党,你都有机会放手一搏。因为只要没有出现一党独大的局面,每一名重要的政治家都会认为自己有机会当选。毕竟,民主政治永远可能出现意外或偶然事件。哪怕是在存在强势政党的情况下,选举都可能会爆冷门,出现"政治黑马",更何况是在大家实力旗鼓相当的局面下呢。

举个例子。选举通常是不同阵营之间的竞争。假设原本较为强势的左翼阵营出现分裂,涌现出了两名重要的候选人,这就意味着这两人会分散左翼阵营选民的选票。如此一来,原本没有多少机会当选的右翼政治家或许就有了胜算。

然而,如果实行的是两轮多数制的总统选举制度,情况就完全不同了。即便在第一轮总统预选赛中，左翼阵营选民的选票被分散，到了第二轮总决赛，他们也会重新联合起来。

如果考察其中的细节，你可能会注意到，两轮多数制会引发一个有趣的效应：许多在第一轮预选赛中败选的政党和政治家，会以各种各样的方式参与第二轮总决赛的政治博弈。这是因为进入第二轮的胜选者需要上一轮的败选者，特别是排名较高的败选者的支持。毕竟，即便是被淘汰出局的候选人，也可能拥有相当不错的选民基础。而对第一轮的败选者来说，他可以通过支持某个候选人，来为自己或自己所在的政党谋求内阁成员的职位创造条件。

正是因为这种机制，在第二轮总统选举中，大大小小的政党会围绕两名最重要的候选人或两个最主要的政党，形成规模更大的政治联盟。换句话说，两轮多数制起到了鼓励政治力量进行有效整合、塑造更大更强的政党联盟的作用。

总的来说，跟一轮多数制相比，两轮多数制的总统选举制度有三个重要优势：**一是能让总统获得更高的合法性，二是能更好地塑造政治共识，三是能更有效地整合政治力量、塑造政党联盟**。所有这些，都有利于保持民主政体的稳定性和有效性。

◇◇◇

通过这一节的内容,我们可以得到一个启发:**评价一项制度是否优越,不能简单地看它能否解决问题,还要关注它在预期之外的政治效果,即"外溢效应"**。所谓"外溢效应",就是说制度往往牵一发而动全身,不仅会产生你预期中的效果,还会对你预期之外的人或事产生影响。就像总统选举制度的改变,不仅会影响到谁来做总统,还会影响到政治权威的合法性、政治共识的塑造,以及政党联盟的形成等。政治的复杂性,或许正在于此。

央地关系

分权模式好,还是集权模式好

前面几节讨论的都是中央层面的制度设计,这一节我们从一个新的视角来看一下制度设计的问题。

任何一个较大规模的国家,都面临着中央和地方如何分配权力的问题。有人主张地方分权,有人主张中央集权,莫衷一是。接下来,我们就来分析一下央地关系模式的政治逻辑。[60]

分权模式的优势

一般来说,很多学者都更支持地方分权模式。这主要有三个理由。

第一，自启蒙运动以来，思想家们总担心国家会干坏事。地方分权，可以约束中央政府可能做出的错误决策或胡作非为。从这个意义上说，地方分权是一种防御机制。

比如，1787年《美国宪法》就规定，凡宪法没有明确授予联邦政府的权力，都由州政府和人民保留。之所以这样设置，就是因为美国制宪会议的代表们担心，如果联邦政府权力过大，它就会干坏事，并且无人能够制约。

第二，比起中央做决策、各地执行这些决策，地方做决策往往更贴近本地的实际情况，更能反映当地民众的诉求，政策更具回应性，可以避免我们经常说的"一刀切"问题。

拿土地政策来说，如果由中央政府"一刀切"地制定，由于农业省份和工业省份差异很大，就容易导致政策与实际情况不匹配。也就是说，这样制定的土地政策可能适合一些省份，但未必适合另一些省份。

第三，有人主张，分权模式下的地方政府竞争会带来治理绩效的改善。这是为什么？在中央集权模式下，各地的做法往往是类似的，因而无法比较不同做法的优劣，也不利于地方政府在公共治理或政策上的竞争。但是，在地方分权模式下就不同了。为了提升本地竞争力，地方政府可能会展开政策竞争，比如在税务环境、公共服务、基础设施等方面提升优势。这样一来，那些在各方面表现更好的地方，就更容易吸引资本、人才等优质资源的流入，进而成为繁荣的中心；相反，那些表现不好的地方，则容易走向衰败。

比如，印度尽管建国初期是中央集权化的联邦制，但到了20世纪90年代，随着地方改革和市场化模式的推进，印度逐渐呈现出联邦制条件下的地方分权色彩。后来出任印度总理的纳伦德拉·莫迪曾连续十多年担任古吉拉特邦的首席部长，也就是地方首长。他在任上政绩出色，使古吉拉特邦成为印度的发展明星。这也是他后来能出任印度总理的政治资本。[61] 所以，在地方分权模式下，不仅各地方政府之间会彼此竞争，政治家也有很强的竞争动力。

分权模式的劣势

既然地方分权模式这么好，为什么还有很多国家偏向于中央集权模式呢？因为政治上的事情往往不是一边倒的，它通常还有相反的一面。

拿美国来说，有一种观点认为，美国南北战争爆发的制度诱因，恰恰就是《美国宪法》确定的地方分权程度很高的联邦制模式。倘若不实行联邦制模式，美国很可能不会爆发内战。

南北战争结束后，美国经历了一个联邦政府权力不断扩张的过程。以财政收入为例，19世纪末，联邦政府财政收入占全国政府财政收入的比重维持在10%左右，但到了20世纪末，这个数据上升到了50%左右。直到现在，这个数据一直维持在50%以上。[62]这意味着,美国虽然一直维持着联邦制,但其中央集权化程度已经出现了大幅提高。

跟美国相比,很多发展中国家的央地关系模式更加复杂。比如,尼日利亚是非洲人口最多的国家,历史上曾经是英国殖民地。该国于1959年举行首次大选,1960年获得独立。但始料未及的是,1966年,尼日利亚就发生了军事政变,随后又是长达两年多的内战。

为什么一个新独立的民主国家很快就走向了内战呢?一个重要原因是,尼日利亚是一个族群、宗教、语言、地区分化程度很高的国家。尼日利亚有200多个族群,每个族群都有自己的语言,而且南部地区普遍信仰基督教,北部地区则普遍信仰伊斯兰教。

当然,社会结构多样性高不一定会导致冲突或内战。学术界的主流观点认为,尼日利亚从民主走向内战的关键因素,是它当时实行的大区联邦制。

建国之初,尼日利亚被划分为北区、东区、西区三个大区,后来又增设了中西区。由于只有四个大区,每个区相对于中央政府的政治力量就比较强。这导致的结果是,地方层面,不同大区的主导族群分别控制着政治权力;中央层面,政治则逐渐演变成几个主导族群和几个大区对中央权力的激烈争夺战。正是在这一制度背景下,当东区发现储量巨大的石油后,就更倾向于独立,最终引发了尼日利亚内战。

多族群国家的制度设计

尼日利亚内战结束后,政治家们开始思考:这个国家究竟遇到了什么问题,竟然会遭受这样的命运?他们认为,罪魁祸首是高度分权的大区联邦制。所以,解决方案就是削弱地方权力、强化中央集权,以此来避免悲剧的重演。

具体是怎么做的呢?主要是三个步骤。

第一步,进行行政区划改革,主要是废除大区、创建新州。今天,尼日利亚已经从原先的四大区变成了三十六个州加一个联邦特区。这样,州政府就既没有实力,也没有意愿去挑战中央政府了。

第二步,在1999年启动的再次民主化中,实行非常特别的总统选举制度。新制度规定,总统选举实行两轮多数制,但要想在第一轮胜出,候选人必须在全国三分之二的州获得不少于四分之一的选票。这条规则其实是鼓励政治家们寻求全国性的政治支持,而不只是寻求特定地区的政治支持。

第三步,设计新的政党规则。禁止设立带有族群、宗教与地区符号的政党,鼓励发展在各地设有分支机构的全国性政党,目的是防止政党的地方化或者族群化。直到今天,尼日利亚尽管仍然是一个社会结构分化程度很高的国家,仍然维系着联邦制模式,但中央政府在维护国家统一、强化国家认同方面的能力得到了强化,地方与地方之间很少再发生大规模的冲突。

政治是平衡的艺术

看到这里，你可能会有些困惑：前面讲了地方分权模式的好处，又讲了高度分权的联邦制模式的弊端，那么，到底什么样的央地关系才是更好的？这里不得不再次强调一个观点：**很多时候，政治是一种平衡的艺术。**

第二章在讲各种政体时说过，单纯的君主制、贵族制或民主制都存在缺陷，混合政体（即共和制）才是更好的政体类型。同样，单纯强调中央集权的模式，或者单纯强调地方分权的模式，都有问题。对一个较大规模的国家来说，如果没有最低限度的地方分权，往往难以有效治理。但是，如果没有最低限度的中央集权，国家就有可能会面临分崩离析的风险。所以，央地关系方面的政治，同样是一种平衡的艺术。

此外，对不同国家来说，央地关系的政治意涵是不同的。比如，对于日本这样族群、宗教单一，没有重大地区分歧的国家来说，无论采取何种模式的央地关系，估计都不会产生大的问题。但是，对于尼日利亚这样族群、宗教多样性很高的国家来说，央地关系制度模式的选择就变得至关重要，否则国家就很容易分崩离析。这种差异，展示了政治情境分析的重要性。

◇◇◇

要说央地关系模式背后的政治，最后就不得不回到"政治是一种平衡的艺术"这个观点。但问题是，到底该怎么平衡呢？这一节其实揭示了政治平衡的关键原则，就是"区分优先次序"。

不同国家面对的关键矛盾不同，政治的优先次序也不同。这意味着平衡不是简单的折中，而是在不同的政治情境条件下，排列出适当的优先次序，然后再进行正确的应对。

04
政治中的分歧与冲突

政治并不常常是以合作与和谐为基调，而是时常充满了分歧与冲突。从我们的日常生活经验来看，人与人之间观念不同、利益不同是一种常态。所以，只要是有人的地方，就有分歧。而当这种分歧进入政治场域，就容易引发冲突。那么，政治领域都有哪些主要的分歧和冲突？人们又是如何应对的？我们从中可以学到什么样的经验与智慧？

这一章会通过剖析五个比较具有代表性的具体问题，即自由与权力的边界、政府应不应该干预市场、福利国家究竟好不好、政府为什么容易债台高筑、国家应该鼓励还是限制移民等，来为你解读当今人类政治生活中的主要分歧与冲突。

自由

自由与权力的合理边界在哪里

我们都知道,社会与政府之间时时发生着博弈。这种博弈,也可以理解为自由与权力的较量。实际上,我们既不可能只要自由、不要权力,也不可能只要权力、不要自由。所以,实质性的问题就变成了如何找到自由与权力之间的平衡点。

关于自由与权力的合理边界在哪里,我们还是从前面提到过的美国大萧条时期的罗斯福新政说起。不过,这一节会从一个全新的视角进行分析。

自由和权力的边界

本书第二章"制衡"一节讲到,罗斯福新政启动后,美国联邦最高法院一开始是反对的。到 1936 年年底为止,联邦最高法院判决了 7 项新政立法违宪,其中就包括大名鼎鼎的《全国工业复兴法》。

联邦最高法院跟罗斯福总统的主要分歧在于,当时的大法官们不仅秉承自由放任主义,而且认定联邦最高法院具有捍卫自由放任主义的责任;而罗斯福总统认为,只有扩张联邦政府的权力,才能克服美国当时面临的危机。

这一分歧,从表面上看是具体措施是否得当、具体政策是否合理的问题,本质上却是总统和联邦最高法院对自由与权力之间的合理边界存在不同的看法。由此,保守自由的力量与扩张权力的力量展开了政治博弈。

联邦最高法院之所以敢反对总统,是因为他们捍卫的是古老的自由传统。18 世纪的英国经济学家亚当·斯密有两个主要观点:第一,人是自利的;第二,市场机制是一只"看不见的手",会自动引导人采取合理的行为。因此,只要实行自由放任的政策,自利的个人就会在市场机制的引导下,促进集体的福利与社会的繁荣。[63]

那么,既然自由放任政策这么好,政府是否就没有必要存在了呢?当然不是。亚当·斯密从未主张过不要政府。政府权力是必要的，只是要保持在最低限度上。

可是，所谓的最低限度又应该怎么划定呢？这似乎是一个难题。直到19世纪，英国思想家约翰·斯图亚特·密尔写了一本小册子——《论自由》[64]，在其中为我们提供了一个解决方案。

这本小册子后来传到了中国，被翻译家严复先生译为《群己权界论》。这里的"群"，就是群体；"己"，就是个体。"群己权界"，就是群体与个体之间、群体权力与个人自由之间要有一个合理的边界。

严复之所以这样翻译，是因为在他看来，自由问题就是群己权界问题。这跟密尔的初衷可谓不谋而合——他在这本小册子的开篇就说，自由问题的核心，是政治权力究竟可以在多大程度上干预个人自由。[65]

密尔的论证，以个人绝对自由的假定作为起点。然后，他顺理成章地推导出一条原则：政治权力可以正当地干预个人行为的唯一理由，就是防止一个人对其他人进行伤害；否则，政治权力就不应该干预个人的行为或者选择。

这句话有点抽象，我们来看一个具体的例子。尽管医学研究早已证明吸烟有害健康，但一个人依然可以在自己独居的房屋里抽烟，权力不应该干预这种个人自由。因为他只是自己在抽烟，并没有妨碍他人。中国的父母在管教小孩时，经常会说"我都是为了你好"。但是，"为了你好"不应该成为政府权力干预个人自由的理由。只要不侵犯他人，一个人就应该拥有完全的自由。

讨论到这里，我们可以设想一种不同的场景：一个人是否有权利在公交车上、电影院中、咖啡馆里，或者公司的办公空间内抽烟？这就是另一个问题了。因为只要在这些场合抽烟，你身边的人就会成为被动吸烟者，你就有可能妨碍到他人。所以，不要小看如今流行的公共场所禁烟令，它的理论依据其实可以追溯到密尔关于自由与权力边界的学说。

捍卫自由还是扩张权力

正是基于这样的自由原则，美国联邦最高法院的大法官们认为，罗斯福新政中的金融管制、产业救助政策、最低工资立法等，都属于政府权力的不当扩张，于是判定其违宪。这一判决代表的是，美国保守自由的力量对不断扩张的政治权力进行的防御和抵抗。

然而，这种防御和抵抗并不总是有效的。因为罗斯福新政出现本身就代表政府权力扩张是大势所趋。其实，早在罗斯福新政出现之前，自由放任主义就已经守不住阵地了。当时，它面临的挑战主要有三点。

首先，早在19世纪上半叶，自由放任主义就难以应对城市化对公共服务的需求了。一个著名的例子是，今天风景迷人的巴黎，当时竟然是一座垃圾遍地、臭气熏天的城市。直到后来政府变得有所作为，大规模的城市下水道、对人类排泄物的统一处理、自来水供应系统等才陆续出现。

其次,自由竞争导致了严重的贫富分化和阶级冲突。在这种背景下,有的国家率先做出了反应。比如,19世纪下半叶,深谋远虑的德国首相俾斯麦开始尝试发展社会保障制度。这就是对自由放任主义的改弦更张。

最后,更大的挑战是20世纪30年代的经济大萧条。当时,美国金融市场崩盘,生产和出口大幅下滑,失业人口剧增,一度多达1300万人。在这种压力下,从胡佛到罗斯福,都选择了通过扩张政府权力来渡过危机,具体措施包括加强金融管制、兴建公共工程等。

1937年之后,迫于政治压力,联邦最高法院不得不向罗斯福总统做出让步。于是,新政在法律上也就畅通无阻了。

可以看到,当自由放任主义遭遇很多实际问题时,自由与权力之间的钟摆又摆到了权力这边,"把政府找回来"成了新的政治口号。但是,由此展开的政府权力的每一步扩张,几乎都会遭到保守力量的抵制。

所以,过去200年间,西方社会其实始终存在着两种相反力量的对垒,一种是保守自由的力量,一种是扩张权力的力量,而这两种力量都是不可或缺的。这就好比开车,既需要踩油门,又需要踩刹车,两者看似互相冲突,实际上,恰恰是两者的共生关系,不断促进着自由与权力边界的微调。这样做,既能恪守一个社会所珍视的政治传统,又能应对实际政治生活中面临的各种挑战，从而使立法与政策达到社会普遍乐意接受的状态。

不过，故事到这里其实并没有结束。看上去，自由放任主义终结之后，"把政府找回来"促成了自由与权力关系的再平衡，但是，到了20世纪六七十年代，捍卫自由的力量又出现了强劲的反弹。

以弗里德里希·哈耶克为代表的很多思想家认为，"把政府找回来"不仅不能解决问题，反而加重了问题。比如，政府能否正确干预、高福利导致懒人化、管制抑制创新、大政府导致公债危机等，都是"把政府找回来"的负面后果。他们认为，回到过去的小政府时代才是西方社会的出路。[66]

在政策方面，英美两国从20世纪70年代末、80年代初开始的撒切尔夫人改革和里根革命，到特蕾莎·梅和特朗普进行的放松管制与减税改革，都是这种政治传统的接续。[67]

总之，对英美国家来说，19世纪总体上是自由占上风，20世纪上半叶出现了政府权力的扩张，最近半个世纪则又在寻找自由与权力之间的新平衡。而正是这种不断的微调，使这些国家的政策一方面适应了不断变化的现实，另一方面避免了社会的动荡。

◇◇◇

我们从这一节可以获得的一个重要启示是：**自由与权力的现实边界，是政治原则与现实压力之间的张力所塑造的。**

政治原则和政治传统固然很重要，但政治生活又会遭遇各种各样的实际问题、困难乃至危机，这些现实压力会迫使政治系统做出有效应对。由此，政治原则与现实压力之间的互动，不断塑造着自由与权力之间的边界。

干预

为什么明知未必有效，政治家仍会选择干预

上一节讲的是自由与权力之间的合理边界在哪里，只要讨论这个问题，就必然会涉及政府到底应不应该干预市场。这一节，我们就来详细分析，为什么很多时候明知未必有效，政治家们仍然会选择干预。

"闲不住的手"

政府为什么有必要干预市场？一个最简单的回答是，当经济危机出现、市场无法自动调节时，政府就必须进行干预。

但是，有不少经济学家论证过，政府干预不仅不能纠正市场

失衡，反而会加剧市场失衡。比如，美国经济学家穆雷·罗斯巴德在《美国大萧条》一书中提出，恰恰是政府干预，使一场原本普通的经济危机演变成了一场史无前例的大萧条。[68] 当然，这是一个具有争议的观点。

但其中值得讨论的问题是：如果罗斯巴德的观点是正确的，政府是不是就不会干预市场了呢？我认为，即便如此，政府仍然会干预市场。这是因为，**跟政府干预有关的决策，很可能不是由经济逻辑决定的，而是由政治逻辑决定的。**

如果说市场是一只"看不见的手"，那么政府就是一只"闲不住的手"。打个比方，为了解决问题，一家公司设置了一个部门，但只要一设置出来，这个部门的人就必然会"无中生有"地做很多事情。政府的逻辑也差不多。

其实早在罗斯福新政之前，美国就已经出现过胡佛新政。1929 年 10 月 24 日，美国股市崩盘，史称"黑色星期四"。此后，时任美国总统胡佛陆续采取了一系列措施，试图通过积极干预来应对经济危机。但罗斯巴德认为，这种积极干预不仅没有减轻危机，反而加重了危机。

罗斯巴德敢这么说，当然也是有依据的。来看两个具体的例子。

从 1929 年 11 月开始，胡佛在白宫多次召开会议，参会者包括当时美国各大公司的总裁，比如福特公司总裁亨利·福特、通用汽车公司总裁阿尔弗雷德·斯隆等。胡佛要求这些公司不降薪，并继续扩大投资。其实，在美国这套制度下，企业家们并不一定要听总统的。但是，总统的公开呼吁让他们产生了道义上的压力，于是只好响应总统的政策。

经济下行时，企业本来可以根据市场变化进行快速调整，包括降薪、裁员、压缩投资等，但由于总统的公开要求，这些大企业普遍都不得不面对来自公众的道德压力，从而无法及时有效地采取经营上正确的做法。这样做的结果就是延长了危机，而这也是最终引发大萧条的关键机制。

1930 年，胡佛还支持通过了《斯姆特－霍利关税法》这部后来臭名昭著的法案。制定这部法案的初衷，是通过提高美国进口关税来保护本国产业，结果却引发其他国家开始征收报复性关税，进而导致美国出口大幅萎缩。按今天的理解，一个国家提高关税，一定会引来其他国家提高关税作为报复。但当时的胡佛总统竟然不这么想，这确实有点出人意料。

总之，按照罗斯巴德这一派学者的看法，如果 1929 年胡佛总统无视经济危机，继续采取自由放任政策，让市场自我调整，危机就不会演变得那么严重，美国也能更快走出危机。

但问题是，对 1929 年的胡佛总统来说，支配整件事的已不是经济逻辑，而是政治逻辑。因而，他势必无法对经济危机坐视不管。

你可以设想一下当时的情境。股市崩盘导致资产价格暴跌，经济下滑带来严重的失业，诸如此类的问题影响着不同阶层的选民。根据估算,这次经济危机期间,美国高峰期的失业人口多达1300万,波及的家庭人口则多达3000万~4000万。无数失业者四处流浪,工程师被迫成为临时工,地产经理甚至沦为乞讨者。

如果你生活在当时的美国,你是会耐心等待市场自行复苏,还是会急于要求政府马上解决经济危机呢?大部分民众当然是希望总统和政府能有所作为。1930年,美国劳工联盟大会甚至公开赞扬了胡佛的干预行为,认为他是一位关心民众疾苦的好总统。

与这种民意相呼应的,是政治家的理性选择。如果一个人希望成为伟大的政治家,有机会与华盛顿、林肯相提并论,那么,危机正好为他提供了一次难得的机会。当然,即便没有这种抱负,单纯为了再次当选美国总统,他也要有所作为。

经济危机降临时,胡佛说:"我们可以什么都不做。这样就会导致毁灭。相反,面对这种局面,我们应该采取经济防御和反击计划。"反击计划,就是要通过干预来克服危机。胡佛把这种干预视为"救人民于水火之中"的积极行动。他骄傲地宣称,"有史以来,没有哪届华盛顿的政府考虑过,在这样的时刻,它肩负着如此广泛的领导责任"。[69] 可见,他的内心还充满了英雄般的自我满足感。当然,他的期望最后都落空了。

政策背后的政治需要

看到这里,你可能会有一个疑问:为什么1929年之前遭遇

04 政治中的分歧与冲突 | 155

经济危机时，美国总统和政府通常都选择袖手旁观呢？

因为在此之前，美国社会的主流意识形态是自由放任主义。而进入20世纪之后，在观念领域，自由放任主义发生了衰退，主张政府干预的思潮则逐渐上升。其原因既跟自由放任主义面临的许多实际挑战有关，比如城市化要求政府提供更完善的公共服务等，也跟美国的民主普及与大众政治的兴起有关。具体来说，政治上促成这种转向的驱动力，一是1929年之前的几十年间，美国的投票权进一步普及，女性也普遍获得了投票权；二是报纸、时政杂志等大众媒体逐渐兴起，广播这种新媒体也出现了。

可以说，1929年的政治已经不再是华盛顿他们那一小撮政治家的事情了。总统和议员的言论与作为，时时暴露在媒体的聚光灯下。无论经济是稳定发展还是出现危机，无论政治家做什么还是不做什么，普通民众都能借助大众媒体的报道了解得一清二楚。更重要的是，这些民众还都拥有投票权。

这就带来了两个结果：一是民意和大众情绪每天都可以公开表达出来，甚至还会被放大；二是政治家们时时刻刻都能感受到由民意和大众情绪带来的政治压力。相比于精英，普通人对经济波动，特别是经济危机更为敏感。这也不难理解，因为他们在经济或财务上更加脆弱。所以，当美国进入充分民主与大众政治时代后，要求干预经济危机就逐渐成了普通民众的主流民意的一部分。

正是在这种背景下，整个社会的主流意识形态逐渐发生了转向。大家公认的总统在危急时刻应该采取何种行动、政府是否应该干预的标准,也随之发生了改变。

所以,胡佛新政不仅是对美国陷入经济危机这一现实的回应,也是对社会主流意识形态转向的回应。换句话说,面临经济危机时,总统与政治家是否选择迅速介入,固然取决于政治需要,但这种政治需要本身也会受到社会主流意识形态的影响。

实际上,一个社会的主流意识形态,是决定社会的政治决策或公共政策的重要背景条件。正如著名经济学家凯恩斯提醒我们的,利益的角色常常被高估,而观念的力量常常被低估。

◇◇◇

通过这一节的内容,我们可以看到:理解复杂的社会现象,很多时候要借助政治分析的视角。**在政治领域,一件事情之所以发生,不在于这件事本身在逻辑上是对的,而在于身处其中的政治家被形势裹挟着,或主动或被动地做出了很多选择**。但是,这些选择的政治后果往往是身处其中的人无法预见的。

到这里,你也就可以理解,为什么政治生活中会发生很多貌似不合理的现象——因为它们背后都存在着某种政治需要。

比如,20世纪90年代,美国共和党曾经发起过一份关于财政赤字的宪法修正案。他们明知很难通过，但仍然在国会上提出并付诸表决。这就是因为政治上有需要。即便不能通过，共和党也可以借此赢得道义优势，把导致财政与公债危机的责任甩给民主党。

又比如，在很多总统制国家，很多小党的党魁明知自己不可能当选，但也会去竞选总统。这也是因为政治上有需要。毕竟，这样做既可以提高他所在政党的知名度，从而有利于该政党的议会选举，又可以提高该政党参与政治联盟的谈判筹码。

再比如，在很多国家，无论总统或内阁送到国会的法案有多完美，国会议员都可能会反对，或者提出很多修正意见。其中有一部分议员就是为了反对而反对，而这同样是因为政治上有需要。如果毫无保留地同意、批准政府的法案，议员就容易变成"橡皮图章"[1]。相反，公开表达对法案的质疑，则可以彰显自己的存在感，给选民传递出一个重要信息——我正在为了选民的利益努力工作。

---

[1] 一种政治比喻。指的是某些在法理上权力很大，实际运行中却权力很小的人或机构。这类人或机构几乎不会，或不能否决相关的提案。

福利

为什么福利国家并不总是受到欢迎

自由市场经济会导致贫富分化,这是一个常识。在一个实行市场经济体制的社会,总会有一部分收入很低的人、失业的人、年老体弱的人,甚至是丧失劳动力的残障人士。那么,社会应该怎样对待这些弱势群体呢?

比较容易想到的解决方案,可能就是提高社会福利,建设福利国家。但实际上,直到 19 世纪上半叶,欧洲都没有达成建设福利国家的共识。那么,这种走向福利国家的戏剧性转变又是如何发生的呢?这一节,我们就以英国为例来具体分析一下。

从旧《济贫法》到新《济贫法》

早在 1601 年,英格兰就制定了《济贫法》,史称"旧《济贫法》"。到 1802 年为止,英国共建立了 3700 多家济贫院,还有很多人获得院外救济。总的来说,这种救助相当有效。

美国知名政治家和科学家本杰明·富兰克林到英格兰游历后,甚至说"从来没有哪个国家像英国这样慷慨地对待穷人"。[70] 当时,英国济贫院给被救助者提供的主食是奶制品和面包,还经常供应鱼类和肉食。有记录说,英国东南部城市布莱顿的一家济贫院甚至还提供啤酒。

到 19 世纪上半叶,由于工业革命的推进,英国已经成为著名的"世界工厂"。在这种背景下,英国于 1834 年又通过了一部《济贫法》,史称"新《济贫法》"。

你可别以为这是一部支持建设福利国家的法律,事实上,它恰恰是一部反对福利国家的法律,其中的规定非常严苛。因为当时英国社会的主流观念认为,过分慷慨的社会救助与福利政策并不是好政策,反而是坏政策。这主要出于两点考虑。

一是出于劳动力市场的考虑。有人提出,如果在济贫院的贫民都生活得很好,工厂就无法管理那些收入微薄的工人了。因为收入微薄的工人努力工作的前提是,他们总归要比济贫院的被救济者生活得更好。否则,他们为什么不去济贫院接受救济呢?而过分慷慨的救助政策显然会鼓励下层民众的懒惰行为,让他们更不愿意工作。

二是出于人口质量的考虑。鼎鼎大名的英国经济学家马尔萨斯说，贫民更难结婚生育。这听起来似乎并不人道，实际上却能促进人口的优胜劣汰。如果在济贫院的生活条件很优厚，那么只会鼓励接受救助的贫民生育更多子女，不利于人口的优胜劣汰。[71]当然，在今天看来，这种观点肯定是政治不正确的。

正是基于这两点考虑，新《济贫法》确定的一条首要原则，就是只帮助那些真正需要帮助的人，同时尽可能把那些有能力自食其力的人排除在外。

从政策或管理的角度来说，究竟要怎么区分这两种人呢？新《济贫法》采取了非常有用的两招：第一招，不再大规模发放院外救助金，而是以院内救助为主；第二招是与之配套的，济贫院只为被救助者提供很差的饮食与居住条件，同时还会给他们安排较为艰苦的劳动。

那时，英国济贫院甚至被称为"穷人的巴士底狱"。正因如此，当时的济贫院常常成为文学作品批判的对象。比如，在英国作家狄更斯的著作《雾都孤儿》中，主角奥利弗小时候就在济贫院过着可怜的生活。

不过这样一来，济贫院就能将那些并非真正需要救助的人排除出去了——但凡有可能，没什么人会愿意接受济贫院的饮食与居住条件。这就实现了制度设计的初衷。

福利国家政策为何转向

那么，英国是从什么时候才想要建设福利国家的呢？其实，直到一个世纪之后，英国主流社会的态度才发生了戏剧性的转变。以1946年通过《国民保险法》为标志，英国开始迈入全面建设福利国家的轨道。

之所以会发生这种转变，一个具有里程碑意义的事件，是1942年英国经济学家威廉·贝弗里奇发布《贝弗里奇报告》。该报告全面评估了人生的主要风险，进行了有针对性的制度设计，并设想了一整套"从摇篮到坟墓"、全覆盖的社会福利方案。[72]

一经发布，该报告就受到了英国公众的普遍欢迎，并在政治领域产生了重大影响。在随后举行的1945年大选中，保守党对是否全面接受《贝弗里奇报告》的方案有些犹豫不决，因为他们担心英国能否承受建设福利国家的社会成本。工党则不同，他们决定将《贝弗里奇报告》的主张作为自己的政治纲领。结果，尽管保守党的政治家丘吉尔刚刚带领英国取得了第二次世界大战的胜利，却在大选中败给了工党领袖。

至于为什么1834年英国通过了条件苛刻的新《济贫法》，1946年却启动了全面的福利国家建设，原因有很多，但最重要的原因可能是，到1928年为止，英国民众已经获得了普选权。与之前就拥有投票权的社会精英不同，很多新增加的选民都是中低收入者，他们更渴望福利国家政策。

撒切尔夫人改革与政治领导力

当然,故事并没有到此为止。虽然英国后来一直维持着民主政体,多数民众也更偏好社会福利政策,但就在《国民保险法》颁布的 30 多年后,英国又出现了一位号称要"打烂福利国家"的女首相。这就是大名鼎鼎的撒切尔夫人。

实际上,20 世纪六七十年代,福利国家的建设已经导致了严重的"英国病"。慷慨的社会福利、过多的政府管制、庞大的公营部门,以及强势的工会,使英国陷入了经济停滞。可以说,当时的英国已经危机重重。

面对这样的局面,1979—1990 年连任三届英国首相的撒切尔夫人发起了一场改革运动,而这至少部分挽救了这位"英国病人"。

那么,为什么撒切尔夫人能够力挽狂澜,改变福利国家的走向,重塑英国的竞争力呢?要知道,这是一件非常困难的事情。她的保守党前辈丘吉尔,就是被更支持社会福利的多数选民拉下马的。而大部分普通选民通常都会基于自己的直接利益来投票,他们才不管什么国家竞争力、政府负担和政策可持续性呢。

要理解这个问题,不得不谈到撒切尔夫人的领导力。2002 年,在英国广播公司(BBC)举办的有史以来"百名最伟大的英国人"评选中,撒切尔夫人高居第 16 名,在当时还健在的英国人中更是高居第 1 名。这种巨大的影响力,跟她非凡的领导力是分不开的。

简单地说，撒切尔夫人的领导力有三个鲜明的特点。[73]

第一，原则明确。20世纪70年代中期，在考察保守党总部时，撒切尔夫人发现政策研究人员含糊其词，说不清楚保守党到底要干什么。于是，她从手提包里拿出著名经济学家哈耶克的一本书——《自由宪章》，扔在会议桌上，大声说："这才是我们应该信仰的。"[74] 用一句话来说，撒切尔夫人的政治原则，就是要用自由市场与小政府来医治"英国病"，绝不选择任何犹豫不决的中间道路。

第二，目标清晰。正是基于自由市场与小政府的原则，撒切尔夫人确定了改革所要实现的清晰目标——减税、放松管制、削减福利、缩减公共部门、国企私有化，以及限制工会运动等。

第三，勇气非凡。但凡改革都会遭遇阻力。当时，很多工会组织都反对撒切尔夫人的政策。特别是当撒切尔夫人下决心要关闭持续亏损的国有煤矿时，英国矿工联合会发起了对撒切尔夫人的严厉抵制，甚至在1984年3月发起了全国大罢工。

面对罢工，一方面，撒切尔夫人不惜出动上万名警察，与破坏煤矿的矿工对峙；另一方面，她也在煤炭库存、替代性能源和运输方式上准备了充足的后备方案，以抵消罢工带来的负面影响。最终，撒切尔夫人挫败了这场大罢工。

政治并不是个人善良意愿的简单集合。正如撒切尔夫人所说："如果你的出发点是讨人喜欢，你就要准备在任何时候、任何事情上妥协，这将让你一事无成。"[75]

尽管人总有善良的天性，但在维多利亚时代，英国的政治精英们依靠有效的领导力，为英国制定了近乎苛刻的新《济贫法》。同样，撒切尔夫人也依靠强大的领导力，团结保守党，说服大量国民，成功实行了很多跟他们眼前的利益看似相互冲突的改革。可见，政治家的领导力始终是现代民主政治的重要组成部分。

总的来说，**具体政策变化的背后是社会结构的变化，但社会结构的变化要想影响具体政策的变化，还需要借助两个变量的传导作用——一是社会主流观念的改变，二是政治家的领导力。**

◇◇◇

今天，福利国家通常被认为是好的，但过去却不见得如此。可见，不同的时代往往有着非常不同的社会主流观念。

此外，政治领导力始终是现代民主政治的一个重要变量。政治既不是个人善良愿望的简单加总，也不是普通民众直接利益的简单较量，而是常常会受到政治家的原则、愿景、勇气和意志力的左右。

04 政治中的分歧与冲突

公债

为什么很多民主国家都深陷主权债务危机

上一节讲的是福利国家。而说到福利国家，一定会涉及"钱从哪里来"的问题，也就是财政问题。讲到财政，又会关系到怎么收税、收多少税，以及怎么花钱、花多少钱。收税也好，花钱也罢，背后都是政治问题。而这一切可能导向的一个后果，就是政府的财政压力越来越大。事实上，今天已经有许多发达国家深陷政府债务危机。

这一节，我们的讨论就从一个假想的场景开始：假如你是美国总统、英国首相或日本首相，你准备如何应对财政上的挑战？

"债台高筑"的民主国家

之所以设置这个场景,是因为美国、英国和日本虽然都是发达国家,但也都是在财政上入不敷出的国家,或者说是债台高筑的国家。

经济合作与发展组织(简称"经合组织",OECD)网站公布了最新的经合组织国家政府债务占GDP(国内生产总值)的数据。[76] 可以看到,2021年,美国政府债务占GDP比重已经高达148%。也就是说,美国公债的规模比美国一年的经济总产出还要高,甚至已经接近1.5倍。2023年,美国政府债务总额已突破30万亿美元,每个美国人需要分摊9万多美元。你看,这种债务规模多么惊人啊!

2021年,英国政府债务数据也好不到哪里去,占GDP比重是143%。而日本的政府债务数据就更夸张了,高达256%,比GDP的2.5倍还要多。

这三个国家并不是特例,很多欧盟国家都陷入了主权债务危机,其中最有名的就是"欧猪四国"(PIGS)——葡萄牙(Portugal)、意大利(Italy)、希腊(Greece)和西班牙(Spain),它们政府公债的规模都大大超过了该国的GDP。另一个欧洲大国法国也好不到哪里去,政府债务占GDP的比重也高达138%。

当然,发达国家也存在少数例外。目前,北欧国家总体较好,多数国家2021年政府债务占GDP的比重控制在

40%～60%。此外，澳大利亚情况也还不错。

这些国家能控制住政府债务，主要在于它们实行了更为严格的财政纪律和法律约束。其中，澳大利亚的经验是，不仅实行强有力的总额控制，还确立了中长期政府预算框架。瑞典的经验是，实行国会预算总量控制优先的原则，同时根据经济周期来编制动态平衡的多年预算方案，并且把1%的政府盈余作为年度预算目标。

不过需要说明的是，就算是澳大利亚和瑞典，也都在20世纪90年代遭遇过严重的财政危机。它们后来进行的财政改革，正是对过去财政危机所做的回应。

公债危机因何而来

那么，为什么今天有这么多发达民主国家都出现了严重的政府公债问题呢？

直接原因很明确：这些国家的政府支出远远超过了政府收入，于是导致财政赤字；财政赤字不断累积，就导致了债台高筑的局面。

更深层的原因应该归结为民主制度下的政治运作。不过，这个观点并不是人们一开始就明白的，而是随着一种新理论的出现而逐渐理解的。这个新理论跟三个关键词有关，分别是公共选择、民主赤字论和詹姆斯·布坎南。[77]

在解读这组概念之前,我们先回顾一下,历史上人们是怎么理解政府和政府官员的。

在西方,柏拉图认为,政治的目的是建立善的城邦,造就善的公民,而这最好由哲学王来领导。所以,政治家在知识和德行上都应该是异于常人的。在东方,孔子说,"为政以德,譬如北辰,居其所而众星共(拱)之"。意思是,用道德治理国家,当政者就会像北极星一样安居其位,众星都会环绕着它。这也是在追求政治与德行的统一。可以说,这两位思想宗师都在假设政治家们追求的是公共利益,或者至少应该追求公共利益。

后来,东方的韩非和西方的马基雅维利都写下了更现实主义的政治叙述,强调政治人物对私利的追逐,但他们并没有发展出一整套分析政治家和官员行为的理论。

一直到 20 世纪下半叶,随着公共选择理论的兴起,人类才在这个领域取得了重大突破。公共选择理论的核心,是用经济学的理论与方法来分析政府行为和政治现象。

公共选择理论首先将经济学中的"理性人假设"用于对政治家、官员和选民的行为分析。这样一来,政治家和政府官员就不再是道德异常高尚的非常物种。相反,他们跟其他人一样,也都是自利的、理性计算的,以及追求效用最大化的。

在此基础上,该理论还将政治领域视为一个充满各种交易的政治市场。在民主制度的框架下,政治家的利益是获得更多选票,进而成功当选;选民的利益则是让政府制定自己想要的公共政策。这样一来,选举就变成了政治家用政策换选票、选民用选票换政策的政治交易过程。[78]

而为了获得更多选票,政治家们就需要提出迎合选民的公共政策。如果多数选民都喜欢福利、不喜欢税收,而你正在参选,那么,你会提出一个什么样的政治纲领呢?你会说现在政府已经债台高筑,必须同时采取增加税收和减少福利的政策吗?

如果这样说,你很可能拿不到什么选票,也就无法当选了。选民更乐意投票支持那些承诺减税且不削减福利的政治家,或者是那些承诺增加福利但并不需要加税的政治家。

当然,明眼人一看就会发现其中的矛盾。所以,唯一的办法就是举债度日,也就是政府不断增加财政赤字。可见,**财政赤字是民主政治运作本身导致的结果**。这就是"民主赤字论"的主要逻辑。

首先提出这套理论的,是美国政治经济学家詹姆斯·布坎南。正是以他为代表的一批学者,把经济学的理论与方法用于对政府行为和政治现象的分析,改变了今天人们对政治的认知。

一般的学者为人们提供的都是具体知识,只有少数杰出的学者为人们提供认知世界的全新视角。布坎南就是这样的学者。正是因为他,我们对政治家、政府官员和政府行为的理解才发生了飞跃。1986年,布坎南还因此获得了诺贝尔经济学奖。

现实政治中的公债问题

到此为止，我们讨论的还只是理论问题。实际上，现实中的政治实践也佐证了布坎南的理论。

举个例子。美国保守派总统、共和党人罗纳德·里根笃信小政府，甚至认为政府并不是解决问题的手段，政府就是问题本身。20世纪80年代，他发动了以减税和放松管制为特点的政治经济改革，也就是前面提到的里根革命。

一开始，里根的本意是实施既减税、又减福利的"双减计划"。真正掌权后，他确实推动了大规模的减税计划，却难以实施大规模削减福利的计划。原因明摆着，他不敢得罪从社会福利开支中获得实际好处的大量选民。结果，1981—1989年，里根使美国政府的债务几乎增加了3倍，新增政府债务高达1.36万亿美元。[79]这在当时已经是一个天文数字了。

再举个例子。美国前总统奥巴马是民主党人，在任时颇受欢迎，但离任时却给美国留下了一个财政上的烂摊子。之所以这么说，是因为奥巴马执政的八年，也是美国政府债务大幅攀升的八年——美国政府债务增长了74%，新增债务高达8.6万亿美元，美国政府债务史无前例地突破了20万亿美元。[80]

究其原因，一方面是2008年金融危机之后，受经济下滑影响，美国财政收入一度随之下滑；另一方面，为了刺激经济，奥巴马政府不得不扩大政府开支。这样一减一增，奥巴马政府就只能靠不断借款来维持运转。

可以看到,虽然里根和奥巴马分属共和党和民主党,但他们领导下的美国,在财政与公债问题上的结果竟然是相似的。

回到本节开头的问题:如果你是美国总统、英国首相或日本首相,面对债台高筑的局面,你会怎么办?你应该也能感觉到这是一个相当棘手的问题,但这并非没有办法,澳大利亚和瑞典就是成功的样本。不过,解决问题的难度确实不小。至于在可预见的将来,这些国家是否真的能解决好这个问题,我们就只能拭目以待了。

◆◆◆

发达民主国家的公债危机,表面上看是一个财政问题,实质上却是一个政治问题。从这一点,我们可以得到一个重要启示:**民主意味着多数人的统治,但如果政治家过分迎合选民利益,就会带来短期利益与长期利益的冲突**。毕竟,政府公债最终也是要由全体选民来负担的。民主固然是好的,但民主能否带来稳健的财政,却是一个现实的挑战。换句话说,政府公债考验的正是一个民主国家的自治能力。唯有严格的财政纪律和法律约束,才能让民主的运作走在一条财政稳健的道路上。

移民

更寻求人口同质性，还是更包容多样性

近几年，移民问题一直是一个热门话题。这一节，我们就来看看美国的移民政治。

一般认为，美国本来就是一个移民国家，但现在为什么有很多选民都主张限制移民呢？2016年，主张限制移民的总统候选人特朗普甚至还当选了美国总统。此外，美国是一个典型的民主国家，而民主的重要价值不就是更能解决好大规模国家的多样性问题吗？为什么过去主张自由多元的民主国家，如今也开始考虑限制移民了？[81]

美国严格限制移民的政策

很多人认为,美国一直是一个开放度很高的自由移民国家,不分族裔、宗教和来源地欢迎移民。这是一个很大的误解。

实际上,美国实行开放度较高的移民政策是最近半个多世纪的事情。在此之前,美国是严格限制移民的。其移民政策有三个基本特点:一是主要欢迎西欧国家的移民;二是控制西欧国家以外的移民;三是通过同化与归化,塑造具有同质性的美利坚民族。

由于篇幅有限,无法详尽讨论美国400年的移民史。下面以三个事件为例,简要说明一下美国20世纪60年代之前的移民政策。

事件一:1818年,纽约和费城的爱尔兰人社团向国会请愿,希望在美国西部获得一块土地,来安置需要救济的爱尔兰人。这么一项非常人道主义的政治请求,却遭到了国会无情的拒绝。国会的理由是,如果不同族裔的移民群体都要建立自己的聚居地,就有可能导致美国社会的碎片化。可见,那时的美国国会就意识到了应该塑造具有同质性的美利坚民族,而不能鼓励不同移民群体保持各自的民族特点。

事件二:1882年,美国国会通过了《排华法案》。原因是19世纪晚期,华人劳工大量进入美国,而这引发了美国社会的担忧。有议员认为,华人劳工最大的问题是,他们很难像爱尔兰移民、德国移民等那样美国化，难以真正融入美国的主流社会。

事件三：1880 年以后，随着南欧与东欧移民的增加，美国国会先后通过了《1921 年移民法》和《1924 年移民法》，其核心就是移民配额制。事情的起因是，19 世纪八九十年代，来自南欧和东欧的意大利人、犹太人、斯拉夫人构成了美国的移民主体。而议员阿尔伯特·约翰逊认为，西欧以外的移民会对"美利坚民族的同质性"构成挑战。

新的移民法规定，要以 1890 年美国人口普查的数据为基础，根据当时已有人口的来源国比例决定今后每年各国新移民的配额。比如，1924—1925 年度，中国、日本、印度、土耳其等国的移民配额都只有 100 人，而配额最高的德国、英国、爱尔兰的配额则分别超过 5.1 万人、3.4 万人和 2.8 万人。制定新的移民法，就是为了保持当时美国人口既有的族裔、宗教和来源国比重。

美国移民政策的转向

既然美国对移民的限制如此严苛，为什么我们还会形成美国就是移民"大熔炉"的印象呢？这跟 20 世纪 60 年代美国移民政策发生的重大转向有关。这一政策转向的标志性事件，是 1965 年通过的《移民与国籍法》。该法废除了移民配额制，由此迎来了美国历史上移民政策最为宽松的时期。

为什么美国会发生这种政策转向？其政治动力主要有两个。

一是国际政治的因素。当时的美国处于冷战体系之下,美国给自己设定的国家形象是自由民主的标杆。而根据来源国或族裔严格控制移民数量的做法,已经跟美国的国家形象不符。

二是国内政治的因素。20世纪50年代以来,黑人民权运动在美国兴起,更加注重平等的左翼平权思潮逐渐成为社会主流观念。在这种情况下,旧的移民法被视为一部主张种族或族群歧视的法律,变得政治不正确了。

随着移民政策的调整,美国移民的结构很快发生了重大变化。1960年,来自欧洲和加拿大的移民占所有美国移民的比重超过80%;到了2000年,来自欧洲以外地区与国家的移民所占比重则超过了80%。[82]

按照美国著名研究机构皮尤研究中心的估算,美国欧洲白人族裔人口,1960年高达85%,但2050年将会降到47%,也就是低于总人口的一半。与此同时,来自拉丁美洲的西班牙语族裔的人口,1960年仅为3.5%,但2050年将增加到29%;亚洲人族裔,1960年仅为0.6%,但2050年将增加到9%。[83] 总的来说,到21世纪中叶,美国的欧洲白人族裔将丧失人口上的绝对多数地位。

跟美国相比,欧洲人口变化的主要趋势是穆斯林人口的持续增加。根据皮尤研究中心的一项研究,2016年欧洲穆斯林人口比重为4.9%。该中心预测,在欧盟维持高度开放移民政策的条件下,到2050年,德国、英国和法国的穆斯林人口比重将高达

17%～20%。[84] 这引起了很多欧洲人的担忧。

实际上，这种担忧不仅发生在欧洲，也发生在美国，其背后是身份政治与政治文化的问题。为了帮你理解这件事的重要性，下面要介绍几个重要的政治学概念。

第一个概念是"政治认同"。政治认同关系到"我是谁"这个根本问题。举例来说，一位来自欧洲的基督教移民，更容易对美国产生稳定的政治认同或国家认同，并接受自己是美利坚民族的一分子。但是，一位来自中东或北非的移民，可能就较难形成这种政治认同。

第二个概念是"民主价值观"。研究发现，与欧洲移民相比，非欧洲移民相对缺少坚定的民主价值观。因为欧洲以外的地区往往缺少长期的民主传统。

第三个概念是"政治分歧"。随着人口多元化的提高，社会内部可能会兴起基于族群或宗教维度的政治分歧，从而引发新的政治冲突。

正是因为这些原因，如今很多欧美白人族裔选民都产生了这样的疑问：随着移民的大规模涌入，美国到底是谁的美国，欧洲到底是谁的欧洲？

政治同化和文化多元主义

正是在这个背景下，美国政治学家塞缪尔·亨廷顿在生前出版了他的最后一部著作《我们是谁？：美国国家特性面临的挑战》。他干脆认为，美国精神的核心是盎格鲁－新教传统。当美国社会的族群、宗教多样性大幅提高以后，这种传统就可能会被弱化，而这甚至会导致美国的衰落。[85]

今天，面对人口结构的多元化，西方国家最大的政策争论发生在政治同化与文化多元主义之间。历史上，美国和部分欧洲国家在政治同化方面做得非常成功。但从目前来看，这样做的难度越来越高，因为少数族裔不仅人口众多，还形成了各自的聚集区。

20世纪60年代以后崛起的文化多元主义，更强调不同群体、不同宗教传统的平等性和多元性，并鼓励大家和谐共处。但是，如果西方国家内部在族群、宗教方面变得充分多样化，是否会导致更多的摩擦与冲突呢？

面对这样的两难局面，西方社会有可能会发生向保守主义政策的转向。各国可能采取的措施包括限制移民或限制特定族群、宗教的移民，国内社会更倡导西方文明的价值观等。[86]实际上，特朗普在美国当政期间执行的移民政策，英国试图通过脱欧来控制外来人口大规模移入，其实都在一定程度上反映了这种观念与主张。

这一政策，意味着西方主流文明更需要在文化上守卫自己的土地和家园。表现在移民政策上，既然目前还解决不好这个问题，一种可能的选择是，不如先收紧移民政策的大门。至于未来怎么办，那就未来再说，把问题留给以后的人来处理。

◇◇◇

通过西方国家移民政策背后的逻辑，我们可以得到一个重要启示：**人口是政治分析的重要变量。**

商学院的市场营销学最早注意到了人口因素的重要性，因为人是消费者。比如婴儿潮，带来的往往是婴幼儿产品与教育产品的重大商机。但在政治分析中，人口因素却长期被忽视。实际上，人口结构就是选民结构，就是政治力量的结构，就是政治分歧的结构。由此看来，只要一个国家人口结构的族群、宗教多样性提高，就一定会带来新的政治结果。

05
发展中国家的政治发展

本书前面的部分重点讨论的是发达国家的政治，这一章我们将把目光投向发展中国家。跟发达国家相比，发展中国家往往相对经济更落后，社会多样性程度更高，政治更不稳定，甚至暴力冲突也更为频繁。因此，对发展中国家来说，政治发展或政治现代化是它们面临的紧迫任务。

问题是，我们该如何理解发展中国家的现实政治呢？跟发达国家相比，它们具有何种特殊性？发展中国家的历史情境又是如何影响它们今天的政治演化的？这一章会通过五个重要问题，即政治冲突与共同体危机、蒙博托陷阱、增长奇迹、转型难题和政治分歧对政治的塑造，来为你解读发展中国家的政治。

共同体

为什么有些发展中国家易陷入政治危机

这一节，我们从一个重要的问题说起：为什么很多第三世界国家总是发展不起来？比如在非洲，不少半个世纪之前的穷国，今天仍然是穷国，人均 GDP 甚至只有几百美元。相比而言，韩国、智利和中国等国家，却能通过一两代人的努力，获得显著的经济增长。

之所以会造成这种差异，原因有很多，但其中一个重要原因是，很多长期陷于贫穷的第三世界社会，同时也经常陷入暴力冲突。这样，发展当然就无从谈起了。

进一步追问：为什么有的第三世界社会更容易陷入暴力冲突呢？答案是，它们缺少一个具有政治整合能力的国家。而这一节，我们就来具体看看第三世界的国家问题。

第三世界面临的三大问题

如果熟悉西方的语境，你可能听过一句著名的话——"国家是必要的恶。"在国家问题上，这是启蒙运动以来，西方政治传统中最具代表性的观点。

国家当然必不可少，但它为什么是一种恶呢？因为国家随时可能侵犯个人的自由。所以，从英国思想家约翰·洛克到法国思想家孟德斯鸠，西方政治传统的一个主要关切点，就是如何制约国家的权力。[87]

20世纪中叶，亚洲和非洲很多国家赢得独立、启动国家建设时，西方政治学界仍然用这种观点来评估第三世界的国家问题。然而，这些新兴国家面临着完全不同的情境。许多第三世界社会面临的问题，不是国家过于强大，而是国家过于软弱，甚至可以说它们没有一个有效的国家。[88]

具体来说，与西方发达国家相比，第三世界社会主要面临着三大问题。[89]

第一，很多第三世界社会都缺少国家传统。在整个非洲，除了埃及等少数例外，20世纪中叶新独立的国家在历史上都没有帝国统治或王国统治的传统，其国名、国号大多是欧洲殖民者强加的，甚至领土边界也是欧洲人强行划定的。比如，1914年之前，西非国家尼日利亚还不存在。1914年，英国决定把自己在非洲的南、北两块殖民地合并，尼日利亚这个国家才首次出现在非洲地图上。

第一章"战争"一节介绍过美国学者查尔斯·蒂利的观点。通过观察欧洲的历史，他得出了一个结论——国家构建或国家构建的根本动力，不是人为设计，而是战争。也就是说，从欧洲的经验来看，现代国家的兴起往往会经历一个国家制造战争、战争塑造国家的过程。但是，这些非洲国家没有经历过这种过程。所以，当它们取得独立时，军队、官僚制和税收系统都没有充分发育，国家构建尚未完成，国民的国家认同程度也很低。

第二，很多第三世界社会的经济文化非常落后。按当时的物价算，20世纪中叶，非洲和亚洲许多新独立国家的人均GDP都只有几十美元。那时，这些国家没有什么像样的现代城市和现代工厂，农业器械、工业机器和现代交通工具也非常少见，人们普遍都在生存的边缘挣扎。

要知道，穷不只是经济问题，它往往还会带来一定的政治后果。简单地说，贫穷地区能用于现代国家建设的资源非常少。要知道，无论是现代化的军事系统还是官僚系统，都要以相当的经济资源为基础，而这么穷的社会显然无法建设。

此外，穷还对应着识字率低的问题。以1964年独立的赞比亚为例，当时全国仅有109位大学生，接受过完整中学教育的人也少得可怜。在这样的教育水平下，就算想要建立一个覆盖全国的行政文书系统都难如登天，又怎么能保证全国政令的统一呢？

第三，很多第三世界社会的族群、宗教、语言结构非常复杂。许多国家内部有几十个族群、几十种语言和两种以上的主要宗教。比如，尼日利亚独立时有250多个族群，大部分族群各讲各的语言；其南方以信仰基督教为主，北方则以信仰伊斯兰教为主。再比如苏丹，它独立时有500多个族群，这些族群说着400多种不同的语言或方言。而社会结构越复杂，不同群体的政治分歧就越大，沟通成本和交易费用就越高，要形成统一的国家认同也就越难。

以上这三个主要问题加起来，导致了两个后果：一是这些社会的国家构建尚未完成，国家认同程度低，国家能力也很有限；二是它们更容易陷入政治危机或暴力冲突，甚至是内战。

脆弱国家指数

美国智库和平基金会每年都会进行全球范围内的国家有效性评级，评级指数为"脆弱国家指数"。它评价的不是一个国家的自由程度或民主程度，而是国家有效性程度。简单地说，就是国家能否控制冲突与暴力，提供基本的安全、法律与秩序，以及防止国家可能出现的解体与崩溃。按照和平基金会2022年的评级，也门、索马里、南苏丹、叙利亚、中非、刚果（金）、苏丹、阿富汗等都名列"全球最脆弱的国家"。[90]

还是拿尼日利亚来举例。尼日利亚是非洲人口最多的国家，在2022年的评级中，它排名倒数第16位。第一章讲过，在20世纪60年代的建国时刻，尼日利亚就经历过一段从独立建国到内战的失败国家经历。那么，尼日利亚当时面临着怎样的问题呢？

1914年，尼日利亚这个国家首次出现。直到1960年独立，它总共才存在了46年。对比一下中国、印度和埃及的历史就会知道，尼日利亚几乎谈不上有什么国家传统。而这导致的直接后果是，不管是南方人还是北方人，都不认为尼日利亚是自己的国家。尽管国家已经独立，但这不等于国家构建已经完成，也不等于国家认同已经形成。

在经济与文化方面，按当时的统计，尼日利亚独立前的人均年收入仅为25～29英镑。当时，全国总共只有160名外科医生。到1947年，尼日利亚整个北区只有251人接受过中学以上的教育。而在1959年进行的首次大选中，80%～90%的选民只能靠图案而不是文字来识别不同的政党，因为大部分选民都是文盲。可以说，无论是建立现代官僚制所需的经济资源，还是建立全国行政文书系统所需的读写能力，尼日利亚当时都不具备。

与此同时，尼日利亚生活着250多个族群。其中三个主要族群——豪萨-富拉尼族、约鲁巴族、伊博族，分别通过自己的政党控制着北区、西区和东区政府。很快，尼日利亚的联邦政治（即中央政治）就演变成了三大地区、三大族群和三大政党的权力恶斗。而当东区发现巨量的石油储备后，伊博族控制的东区政府与北区控制的中央政府的冲突日益升温，终于引发了军事政变。随后，东区要求独立，尼日利亚走向了内战。

可见，理解发展中国家的政治，固然需要有政体思维，需要关心一个国家是否民主、是否自由，但同时也需要有国家思维，需要关心它能否完成国家构建，塑造国家认同，建设起一个可以提供基本的安全、法律与秩序的有效国家。

正是因为塑造有效国家困难重重，很多第三世界社会才会动辄陷入严重的危机，甚至是暴力冲突。即便是今天，这个问题也没有完全解决。

◇◇◇

通过第三世界的国家问题，我们可以看到：**解决问题，首先要正确地定义问题**。20世纪下半叶，西方政治学界误以为很多新独立的发展中国家的主要问题是向自由民主政体的转型，却没有考虑到国家本身就是一个政治问题。正因如此，很多政治理论家对发展中国家的政治状况产生了严重的误判。

直到20世纪80年代，新兴的国家理论才开始把国家本身视为一个政治问题，把现代国家构建、政治认同塑造和国家能力提升作为关键的政治任务。至此，理论才得以更贴近发展中国家的政治实践。很多时候，就像爱因斯坦所说的，正是理论决定了你能看到什么。

发展

为什么落后国家的发展容易陷入停滞状态

上一节讲到，如果一个社会没有完成国家构建，没有形成国家认同，就更容易陷入暴力冲突。所以，这些国家的首要任务不是搞经济建设，而是建立一个有效的政治共同体。要建立一个有效的政治共同体，主要包括两个任务：一是在组织上，完成看得见的国家构建；二是在观念上，塑造不大看得见的国家认同。

那么，一个国家做到这两点，就可以高枕无忧了吗？其实，这还远远不够。国家问题基本解决以后，发展又成了迫在眉睫的任务。

发展中国家的"蒙博托陷阱"

从数据上看,不少落后国家都会陷入停滞或不发展的陷阱。以非洲中部国家刚果(金)为例,该国独立已超过半个世纪,但人均 GDP 仍然不到 500 美元。其实,它就处于发展的停滞状态。

至于刚果(金)的发展为什么会陷入停滞,有一种观点认为,这跟过去统治该国 30 多年的政治强人蒙博托有关。因此,我将这种不发展的停滞状态称为"蒙博托陷阱"。[91]

蒙博托出生于 1930 年,那时刚果(金)还是比利时的殖民地。蒙博托小时候家境贫寒,母亲是一名酒店服务员,父亲是一位比利时法官的私人厨师。正是因为这层关系,好心的法官夫人成了蒙博托的法语教师。所以,蒙博托从小就精通法语。

1949 年,蒙博托参加了比利时所属的刚果军队,服役 7 年,晋升至军士长。由于具有政治抱负,并且有一定的写作技能,蒙博托于 1956 年转行从事新闻记者工作,并在比利时接受了专业的新闻培训。正是在此过程中,他结识了刚果民族解放运动的领袖卢蒙巴,从而有机会进入未来的权力核心。

1960 年,刚果(金)独立,年仅 30 岁的蒙博托被任命为国民军参谋长。由此,他有了控制军队的机会。很快,由于总统与总理的内斗,国家陷入了政治危机。于是,蒙博托发动了第一次军事政变。之后,他又在 1965 年发动了第二次军事政变,从此集军政大权于一身。此后,一直到 1997 年被迫流亡,他统治了刚果（金）30多年。

就是这样一个人物，后来被国际社会视为非洲最臭名昭著的独裁者。大致来说，蒙博托对刚果（金）的统治有三个特点。

第一，依靠裙带关系进行统治。蒙博托不仅自己大权独揽，还把自己所在族群的亲戚、族人都提拔到重要岗位上。这种做法看似并不符合现代官僚制的原则，但在蒙博托看来，这可以防止权力落到对自己有威胁的人手中。

第二，疯狂榨取统治租金。蒙博托建立的以裙带关系为基础的高层网络也是一种分赃机制，而他本人就是当时非洲最腐败、最奢侈的政治领导人。他拥有庞大的奔驰车队，在全球多处拥有奢侈的顶级庄园。为了去巴黎购物一次，他可以包下法国航空公司的整个客机。据国际媒体估算，蒙博托在刚果（金）至少榨取了50亿美元的个人财富。其他高级官员和地方首领，则是一个个或大或小的蒙博托。

第三，国家长期陷于彻底的贫穷与停滞。在蒙博托的统治下，刚果（金）沦为世界上最可怜的国家之一。没有像样的道路，通货膨胀飙升，经济停滞，人民生活悲苦，甚至有许多人因饥饿而死。对那里的人民来说，生活就是一场无穷无尽的苦难。

当然，陷入"蒙博托陷阱"的国家远不止刚果（金）一个，津巴布韦就是另一个例子。津巴布韦最著名的，就是近些年的巨额通货膨胀。你可能听说过，它甚至发行过面额为100万亿津巴布韦元的纸币。这样做的后果，当然是经济混乱，中产阶级和普通民众的财产被洗劫一空。而直接导致这种局面的，是另一位蒙博托式的非洲强人——罗伯特·穆加贝。

总的来说，"蒙博托陷阱"的直接表现是，统治集团热衷于榨取统治租金，而整个国家陷入长期的贫穷、停滞与苦难。

为什么难逃"蒙博托陷阱"

那么，为什么刚果（金）、津巴布韦这样的国家会掉入"蒙博托陷阱"呢？这完全是由蒙博托这样的坏统治者一手造成的吗？

实际上，这个问题比你想象的更复杂。蒙博托精通法语，做过新闻记者，在欧洲接受过良好的教育，还曾冒着巨大的政治风险参加民族解放运动，满怀建设一个独立而繁荣的非洲国家的梦想。与之类似，穆加贝是当时极少数接受过大学教育的黑人之一，他的第一份工作是学校的教师，后来因为关心国家命运而成为津巴布韦民族解放运动的主要活动家，还曾因此入狱十年。按照今天的标准，当年的穆加贝不仅具有远大的政治理想，甚至还有机会角逐诺贝尔和平奖。

然而，一旦赶走殖民者，并成为统治者，他们身上原本很优秀的政治品质就仿佛消失了。与此同时，一种坏政治的统治模式开始兴起。这是为什么？

简单地说，任何人类群体，首先都要解决统治问题，这些落后的非洲社会也不例外。那么，欧洲殖民者离开后，这些非洲社会究竟要如何统治呢？

对于落后的国家，最自然的统治就是个人统治，即一个军人或文职领袖基于个人意志的政治统治。实际上，这也是前现代人类社会最常见的统治形式。但仅凭个人的力量，是无法统治一个国家的。所以，他既需要政治结盟者与支持者，又需要发展出一整套官僚制系统。可问题是，欧洲殖民者撤离后，当时的非洲社会难以靠自身的力量发展出一整套欧洲意义上的、符合理性化原则的官僚制系统。毕竟，当时的非洲社会既缺少经济资源，又缺少人力资源，还缺少法律传统与规则意识。

来看一个具体的例子。官僚制建设往往需要有一支文官队伍。那么，文官队伍从哪里来呢？欧洲历史上，早在1224年，神圣罗马帝国皇帝腓特烈二世就创办了那不勒斯大学，那是欧洲第一所完全由政府官办的大学。而这位皇帝创办大学，就是为了培养自己的官僚队伍。没有这个条件，他就很难发展出一套能取代封建诸侯统治的官僚体系。[92]

与之类似，中国隋唐时期兴起科举制，也是因为中央集权国家试图削弱世家大族的影响，建立一个符合自己原则的官僚制系统。然而，当时的刚果（金）和非洲其他很多国家都还不具备这样的社会条件。

既然无法发展出一整套官僚系统，又需要政治结盟者与支持者，那么，仅剩的可行的做法就是统治者基于私人关系来寻求政治结盟者与支持者。作为交换，他需要为这些政治结盟者与支持者提供非正式的权力和利益。这种统治结构，有点类似于法国现代税收制度兴起之前的"包税人模式"。国王需要包税人来解决政府收入的问题，于是只好放任他们在各自的地盘上胡作非为、自行其是、中饱私囊。

所以，非洲这些落后国家之所以会进入蒙博托统治模式，就在于社会极度落后，国家制度发育不良。而借助"统治—分赃模式"来管理国家，是统治者唯一的选择。当然，这种统治模式带来的结果就是让国家掉入"蒙博托陷阱"。即便是今天，如何防止掉入"蒙博托陷阱"，仍然是不少落后国家面临的一个重大挑战。

◇◇◇

"蒙博托陷阱"的关键原因不在于单个统治者的品质，而在于塑造这种统治模式的社会条件。 可以说，这种落后的统治模式，既不是哪个统治者想实现就能实现的，也不是更换单个统治者就能马上终结的。

而一个落后国家一旦陷入"蒙博托陷阱"，就不太可能靠一次简单的政治转型迅速成为一个政治清明、治理有效的国家。这就如同一个长期生病的人，不可能靠服用一剂灵丹妙药就成为一名马拉松运动员。

所以，政治的改善往往是一个复杂的系统工程。大致来说，国家建设、经济发展、官僚制发育，以及精英阶层的再造，都是这个系统工程的一部分。

增长

为什么有的威权主义政体能创造经济奇迹

对发展中国家来说,如果仅凭统治者本身的利益来统治,权力完全不受约束,国家就会陷入发展停滞的陷阱。这个观点,不仅有尼日利亚这样的案例佐证,也有相关的理论研究证明。

在研究西欧近代的经济增长时,美国政治经济学家道格拉斯·诺思问了一个问题:为什么是英国而不是法国率先发生工业革命?[93]

他发现,工业革命发生的前提是产权受到有效保护,因为只有这样才能为创新提供动力。而只有政治权力受到约束,产权才能受到有效保护。所以,本书第二章所讲的英国从1215—1688年逐渐形成的国王权力受法律约束的体制,才是其发生工业革命的关键。而按照诺思这种说法，如果政治权力不受约束，一个国家就会陷入"蒙博托陷阱"，经济发展也就不太可能了。这主要来自西欧的经验。

但是，发展中国家很难像英国一样，在早期就发展出一整套约束权力的制度安排。前面还提到过，英国模式起源于封建主义的政治传统，可并不是每个国家都有这种传统。因此，在考察发展中国家时，还要考虑世界各国的多样性问题。

如果一些发展中国家起初没有演化出一整套约束权力的制度，或者干脆就是威权主义政体，即政治权力掌握在一个人或一小撮人手中，难道它们就不发展了吗？真实的情况到底怎样呢？

威权主义的经济奇迹

从各国经验来看，实际情形非常复杂。不过一个有趣的现象是，有的威权主义政体不仅没有陷入"蒙博托陷阱"，反而带来了高速的经济增长，甚至可以称之为"威权主义的经济奇迹"。

比如，佛朗哥统治时期的西班牙。西班牙内战胜利后，佛朗哥的统治从1939年一直持续到1975年他去世。他也是20世纪欧洲历史上一位非常重要的政治家，他的很多做法在政治上饱受批评，但在他统治期间，西班牙的经济获得了长足的发展。

有一个小故事可以很好地说明这一点。有一个人在西班牙内战期间支持共和政府、反对佛朗哥，内战结束后，他被迫流亡。

30多年后,他终于回到西班牙,却因眼前的情景大吃一惊。原来在他离开时,西班牙还是一个贫穷落后的国家,而等他回来时,西班牙已经实现了相当程度的工业化,俨然是一个欧洲的现代化国家。

于是,这位流亡者开始反思:我们当年为什么要跟佛朗哥的军队作战呢?我们不就是想让西班牙获得发展与繁荣吗?经过佛朗哥30多年的统治,西班牙已经实现了发展与繁荣,难道这不就是我们想要的吗?

又比如,朴正熙统治下的韩国。虽然朴正熙是一位独裁者,但他也是"汉江奇迹"的缔造者。正是他将韩国带入了初步的工业化和现代化,使韩国人均产值从1961年的82美元增长到1979年的1644美元,促成了韩国经济的起飞。

再比如,皮诺切特统治时期的智利。前面提到过,1973年9月11日,智利发生了军事政变。就是在这场政变后,皮诺切特将军逐渐掌握了大权。随后,他实行了一套政治上威权化和经济上自由化相结合的措施。值得一提的是,他聘请了一批美国芝加哥大学毕业的年轻经济学家,来协助他制定高度自由化的经济政策。要知道,芝加哥大学当时是全球自由市场理论的思想重镇。由此,智利迎来了一个经济稳定增长的时期。

这三个案例的共同特点是,它们都没有发展出英国式的用法律约束政治权力的制度,但也没有陷入"蒙博托陷阱",反而实现了相对较快的经济增长。那么,到底是什么原因使得这些威

05 发展中国家的政治发展

权主义政体创造出了经济奇迹呢？

如果把这类国家与陷入"蒙博托陷阱"的国家对比一下，你就会发现，佛朗哥、朴正熙和皮诺切特的统治模式有三个共同点。

第一，统治者都有强烈的发展意愿。他们的统治超越了满足自身权力欲望或致富的动机，把整个国家的发展与繁荣作为自己的政治目标。

第二，这三个国家实行的都是市场主导型的经济模式。从内部来说，它们实行有利于资本和投资的市场友好型政策；从外部来说，它们实行开放型的经济政策，积极融入全球市场。

第三，它们都致力于发展一套高度制度化的行政与法律体系。这样既限制了各级政府行使权力的随意性，又为社会、个人和资本提供了稳定的可预期性。

正是这种组合——发展导向加市场经济，再加制度化的威权主义，创造了经济增长的奇迹。我把这种组合称为"发展型威权主义"。

威权政体与民主政体

那么，对落后国家来说，到底是民主政体还是威权政体更有利于经济增长呢？[94] 学术界有一派学者主张，发展型威权主义政体比民主政体更有利于促进落后国家的经济发展。

持这种观点的学者认为，很多发展中国家普遍经济落后、贫富悬殊、社会分歧较大。在这种背景下，如果建立民主政体，民众的政治参与和精英的政治竞争容易导致政策的高福利化，诱发激烈的再分配斗争，甚至是不同集团的暴力冲突。而一旦走到这一步，经济增长就没什么指望了。拉丁美洲历史上这样的案例比较多。比如，20世纪70年代初的智利和20世纪90年代的委内瑞拉都有过类似的从民主到激烈政治斗争的过程。

相反，威权主义政体的特点恰恰是更强调政治整合，而不是政治竞争，因此也就更能避免出现严重的内部纷争与冲突。尤其是对那些族群、宗教多样性程度高的国家来说，相对于新兴的民主政体，稳定有效的威权主义政体或许更能强化国家整合、抑制政治冲突。而这个条件，往往是落后国家经济起飞的前提。

当然，这种观点只代表了一部分人的看法。也有很多学者担心，这种发展型威权主义模式最终可能还是会出问题。而最大的问题，是发展导向、市场经济加制度化的组合模式并不稳定。因为从根本上说，在威权主义模式下，这一切都依赖于统治者的政治自觉。而统治者的政治自觉，有时候是靠不住的。

政治学者福山就说，威权主义政体下的繁荣，有时很难超越一到两代人的时间。这种模式的问题，还是政治权力的随意性。具体的内容，本书第一章和第二章其实已经有比较充分的讨论了。

看到这里，你可能会更务实地想：如果一个发展中国家已经建立起了发展型威权主义政体，能不能通过修修补补来解决其本身存在的问题呢？具体又该怎么做？

从新加坡的经验来看，法治似乎是一个重要的途径。政治强人李光耀统治下的新加坡常常被国际社会视为一个发展型威权主义政体。那个时期的新加坡先是实现了高速的经济增长，紧接着又通过强化法治，使新加坡政府的权力受到了约束，进而得以维持更长时期的增长奇迹。如今，从人均收入来看，新加坡已经迈入一流发达国家的行列。当然，从全球范围来看，新加坡模式或许要算一个特例。一方面，从李光耀到现任政治领导层普遍都有高度的执政自觉；另一方面，新加坡毕竟只是一个城市国家，其政治系统的委托代理链条相对较短，管理的复杂性也相对较低。

跟新加坡相比，像西班牙、韩国、智利这样的国家，实现经济起飞之后，又转向了新的政体模式。具体的情况，我们在下一节仔细了解一下。

◇◇◇

从这一节的内容中，我们可以得到一个重要启示：**我们应该打破公共领域的很多"标签化认知"**。所谓"标签化认知"，简单地说，就是喜欢给事物贴标签，然后根据标签来做判断。比如，有人说南方人更重利益，北方人更重感情，这就是一种标签化认知，实际情况可能并不是这样的。

在政治上，简单地认为民主有利于经济增长，或者威权主义政体有利于经济增长，都是一种过分标签化的认知。真正重要的不是标签，而是事物背后的真实逻辑。

一种制度模式能否促进经济增长，关键不在于它是民主政体还是威权主义政体，而在于它是什么样的民主政体或威权主义政体。事实上，同样是威权主义政体，一个国家既有可能陷入"蒙博托陷阱"，也有可能创造经济增长的奇迹。

进一步说，美国密苏里大学政治学教授乔纳森·克雷克豪斯在2006年做的一项研究指出，民主化是否有利于经济增长，其实跟地区因素关系密切。对东亚国家来说，20世纪80年代以来的民主化，改变了原先主要聚焦增长的公共政策，政策面不得不更关注福利和再分配，结果就对经济增长产生了一定的负面影响。但对许多非洲国家来说，20世纪90年代以来的民主化，抑制了政治权力和公共资源的滥用，克服了"蒙博托陷阱"，结果就有利于经济增长。[95]这也说明，理解问题需要超越"标签化认知"。

转型

为什么不少国家会遭遇民主转型的难题

前面说到，不少落后国家都容易陷入"蒙博托陷阱"，而想要克服"蒙博托陷阱"，就必然会涉及社会如何控制权力这个基本问题。第二章讨论过，解决这个问题的办法包括用法治约束权力、用分权限制权力、用选举和投票管住权力、用司法审查控制权力，等等。总之，这是一套很复杂的制度解决方案。

尽管这套方案很复杂，但一般人都倾向于认为民主是克服"蒙博托陷阱"的首要方案，因为民主是防止权力胡作非为最直接的办法。上一节提到的西班牙、韩国和智利，在经过发展型威权主义政体带来的经济腾飞之后，也都不得不面临如何向民主转型的问题。对很多发展中国家来说，民主可以说是一个绕不过去的问题。那么，我们该如何理解发展中国家的民主转型？民主体制真的能在一个发展中国家落地生根吗？

民主转型的困境

过去，很多学者倾向于认为民主化并不难。有人认为，民主化就是简单的三部曲——旧体制衰败，新体制建立，新体制巩固。这样，民主化就大功告成了。20 世纪 30 年代，著名思想家胡适甚至撰文说，"民主政治是幼稚园的政治"[96]。他的观点很明确，与独裁政治相比，民主政治的要求反而是更低的。

但是，为什么不少国家的民主转型都遭遇了挫败呢？我把这种现象称为"民主转型的困境"。

在这方面，泰国就是一个典型的例子。过去 20 多年，泰国重复着一种周期性的模式：先是进行民主选举；然后，败选阵营发起抗争，占领街道甚至机场，直至首都公共秩序瘫痪；最后，军方不得不出来干政。于是，泰国的民主化实验就失败了。可以说，泰国不仅陷入了民主转型的困境，还几乎难以自拔。

另一个典型案例是"阿拉伯之春"中的埃及。"阿拉伯之春"是 2010 年年底开始的一场席卷整个中东和北非地区的政治抗争与民主运动。在这场剧变中，埃及总统穆巴拉克维系数十年的统治垮塌了。

然后，埃及启动了首次民主大选。在选举中，自由与正义党获胜上台。不久之后，在该党的主导下，埃及通过了一部政教合一的新宪法。但这样一来，埃及的世俗派不干了，他们期待的是一种政教分离的统治。这部新宪法触发了埃及政治生活中最敏感的问题。结果是，首都开罗再次出现大规模的抗议与示威。正是在这种情况下，支持世俗派的埃及军方突然发动政变，并开始镇压来自自由与正义党的反对力量。剧变之后，塞西将军成了埃及新的政治领导人。

泰国和埃及这两个国家都陷入了民主转型的困境。那么，为什么早期的很多学者都低估了民主化的困难呢？原因在于他们的认知地图。简单地说，他们的认知地图有三个主要假设：第一，转型就是制宪改制；第二，民主宪法一旦制定出来，大家就一定会遵守；第三，新制度一定会比旧制度治理效果好。然而，这三个主要假设都有很大的问题。下面我们就一一来看一下。

转型就是制宪改制吗

首先来看第一个假设：转型就是制宪改制。

要知道，政治是一个系统。无论是宪法还是其他政治制度，都只是这个系统的一部分。一个国家启动民主转型后，制定新宪法、实施新制度固然是重要事项，但绝对不是政治转型的全部。

即便是发达国家，也会遭遇这个问题。以德国在100多年前的一次政治转型为例，1918年，德国在第一次世界大战中战败，德意志第二帝国垮台。随后，魏玛共和国成立。1919年，新的《魏玛宪法》生效。可是，固然宪法是全新的，议会、政党、军队，甚至主要政治家却都是旧的，都是从半威权的德意志第二帝国直接继承下来的。

拿政党来说，1919年之前，德国主要政党的基本功能就是批准政府预算。他们习惯的是质询政府，而不是像英国的政党那样执政。所以，尽管新宪法赋予了多数派政党执政的职能，这些政党却似乎还没有做好准备。要从政府反对派的角色突然转型为执政党或执政联盟的成员，这对德国主要政党来说是一个巨大的挑战。

实际上，对魏玛时期的德国主要政党来说，如何有效执政成了一项全新的政治任务。问题是，它们能否通过自身的转型来胜任这项任务呢？拿当时的第一大政党社会民主党来说，它在德意志第二帝国时期的主要角色是参政而非执政，主要关注政府预算和法律提案的合理性，而政府预算和法律提案大体上都是由威廉二世领导下的政府提出的。但是，1919年魏玛共和国的第一次大选完成之后，社会民主党突然成了国会第一大党和执政联盟的领导者，他们不仅要领导内政外交，还要领导军队。对该党来说，要想快速完成这种转型、适应新的政治角色，难度可想而知。这也是魏玛共和国后来遭遇政治危机的重要原因之一。

因此，转型并不仅仅意味着制宪改制。如果只有制宪改制，其他条件没有配套跟进，民主转型就很难成功。

民主宪法一定会被遵守吗

第二个假设是，民主宪法或共和宪法一旦制定出来，大家就一定会遵守。这一点也过于理想化了。历史上，新宪法通过以后，很快就被违反，甚至被撕毁的故事，可以说比比皆是。比如，法国在大革命时期先后通过了三部共和宪法，分别是《1791年宪法》《1793年宪法》和《1795年宪法》，但这三部宪法的寿命都非常短促。这样的共和宪法也无法让法国真正成为一个稳定的共和国。

再比如，中国在"中华民国"初年先后制定过两部重要的民主共和制宪法——1912年颁布的《中华民国临时约法》，以及1914年颁布的《中华民国约法》。然而，以袁世凯为首的北洋集团很快就做出了违反宪法的事，甚至于1915年12月改行帝制。不仅如此，国民党在重要关头也不尊重宪法。当出现严重的政治纷争时，主要的国民党人也不是选择用政治或司法途径解决，而是倾向于用武力解决。因此，1913年3月宋教仁被刺之后，民国宪法就完全形同虚设了。

按照公共选择理论，政治家也是理性人。所以，在转型期，政治家遵守宪法未必是一种常态。当宪法条款对自己较为有利时，政治家会选择遵守宪法；当宪法条款对自己不利时，政治家就有可能会选择违反宪法。这才是真实的政治情形。[97] 所以，如果是后者，转型就容易失败。

新制度一定会比旧制度治理效果好吗

第三个假设是,新制度一定会比旧制度治理效果好。这一点也很不确定。从最低标准来说,新的民主制度起码要能运转起来,并能解决一国面临的重大挑战。但是,并非所有新兴民主政体都能做到这一点。

以法国为例,法国大革命之后,1792年就建立了法兰西第一共和国。跟此前波旁王朝的旧制度相比,此时人们普遍期望共和国的新制度能够给法国带来政治上的新生。实际上,也唯有共和制能够迎合当时已经为启蒙运动所鼓动起来的社会思潮,以及"自由、平等、博爱"的主流观念。然而,这种共和政体在短期内并没有给法国带来好的政治秩序。

首先,它导致了从吉伦特派到雅各宾派的恐怖统治,一场原本主张自由、平等、博爱的共和革命,沦为暴民的狂欢和血腥的审判。

其次,它导致了国内不同教派之间的冲突,而民主的方法似乎对此无能为力。

最后,也最重要的是,它使法国连续几年都处于安全、秩序与法律缺失的状态。

这一切都为法国的重新威权化提供了社会和心理基础。实际上,拿破仑的出场就代表了这样的社会需求。对当时的法国人来说,民主代表混乱和暴力,拿破仑则代表稳定和秩序。

法兰西第一共和国只是一个例子，很多其他国家的新兴民主政体也不一定能实现有效的治理。比如，前面提到的两个发展中国家泰国和埃及，也面临着类似的问题。对泰国来说，严重的贫富分化以及首都跟外省的政治对立是严峻的政治挑战。21世纪以来，泰国反复尝试的民主政体往往都无法有效管控这方面的严重社会冲突。对埃及来说，是否实行政教分离的宪法与政体是一个根本的政治问题，而"阿拉伯之春"之后埃及短暂的民主政体无法促成整个社会在这个重大问题上的真正和解。结果是，新的军事政变再次上演。

看到这里，你可能会形成一个印象：发展中国家的民主转型阻力重重、困难不断，甚至是难以成功的。这种印象又过分悲观了。

尽管我们花很大篇幅分析了发展中国家民主转型的困难，但它们的转型成功率其实并不低。我做过一项跨国研究，结果发现，1974—2013年的新兴民主国家，转型失败的大约占30%，实现民主巩固的大约也占30%，剩余40%处在尚未完成转型的中间状态。[98] 所以，就最近40多年的经验来看，发展中国家民主转型的成功率并不低。而且随着时间的推移，许多新兴民主国家实现民主巩固的可能性还会提高。

◇◇◇

从这一节的内容，我们可以知道：**无论是思考一般的政治问题，还是思考民主转型问题，我们都应该从物理学的范式转向生物学的范式**。因为政治不是一个机械系统，而是一个有机系统或生态系统。

物理学范式把一种新政体视为一套机械装置，好像只要将其安装到一个社会中，它就会按照理想的机械原理运转。但实际上，宪法并非这样的机械装置。

生物学范式把一种新政体视为一个大型有机系统的某个器官。这个器官能否起作用，还取决于其他与之配套的生命组织。从这种视角来看，一部新宪法能否起作用，其他配套条件的影响往往至关重要。比如，政治家与政党如何操作这部新宪法就是一个特别重要的问题。因此，相比于物理学的视角，生物学的视角更能准确把握人类政治生活的真实状态。

分歧

财富结构如何塑造发展中国家的政治

西半球有大大小小几十个国家,包括美国、加拿大这两个发达国家,以及拉丁美洲的许多发展中国家。以人均年收入衡量,拉丁美洲国家与美国的发展差距有 5 倍之多。你可能会想,两者的差距应该历来如此。但实际上,在 1800 年前后,拉丁美洲很多地方的发展水平跟当时的美国相差无几。

经济只是一个方面。拉丁美洲国家与美国在政治上的分化同样显著。自 1787 年制定宪法以来,除了 19 世纪中叶因为奴隶制问题爆发过南北战争,美国在这 200 多年间基本维系了稳定的民主共和政体。与之相对,拉丁美洲国家在过去 200 多年间的政治则以不稳定著称。一说到拉丁美洲国家的政治,你可能马上就会想到民主的不稳定和周期性的军事政变。事实上，直到20世纪八九十年代，这种状况才出现了改观。[99]

那么，为什么美国的民主政体很稳定，拉丁美洲国家反复尝试的民主政体却经常遭遇危机呢？原因有很多。但这里给你介绍一个重要视角——不同的土地制度对两者政治发展道路的影响。

美国土地制度的政治效应

从殖民地时代到今天，美国已经有400多年的历史了，其土地制度自然也经历过复杂的变化。但大体上，美国一直以自耕农土地制为主，普通家庭能以低廉的成本获得面积较大的自有土地。

为了鼓励开拓西部领土，美国国会在19世纪初通过了多部土地法。根据《1800年土地法》，政府会分块出售当时东部十三州以西的新土地，每个拓荒者可以用2美元一英亩[①]的价格购买土地，但最低购买数量为320英亩。根据《1804年土地法》，一次最低可购土地的面积降至160英亩，同时每英亩土地的价格降至1.64美元。[100]

按照美国第三任总统托马斯·杰斐逊的说法，以稳定的、自给自足的自耕农为基础，美国就能建成一个理想的社会。

---

① 1英亩≈4047平方米。

05 发展中国家的政治发展 | 213

随着西进运动①的推进，美国国会后来又通过了更为著名的《1862年宅地法》。该法规定，凡一家之长或年满21岁、从未参与过叛乱的美国公民，只要宣誓申请土地是为了自己耕种，并且缴纳10美元登记费，就可以领取不超过160英亩的宅地。此后，只要居住并耕种满5年，申请人就能获得土地所有权。这意味着当时的美国自耕农家庭几乎不需要花费什么成本，就能获得160英亩土地。要知道，160英亩相当于中国的960亩，可以说是千亩良田了。这足以让一个自耕农家庭丰衣足食，过上农业社会中相对优厚的生活。

自《1862年宅地法》实施以来，美国总共将超过2.7亿英亩的土地以这种方式分配出去，大约惠及160万自耕农家庭。尽管美国南方原先有许多规模较大的种植园并实行黑奴制度，但黑奴占美国人口总量长期都在10%以内，且直至19世纪下半叶才逐渐获得公民权，因而对美国整体政治发展影响并没有那么大。

正是基于这种土地制度和自耕农模式，从1787年美国制宪，到后来19世纪、20世纪的投票权普及，美国民众的政治要求一般都比较温和。不仅如此，跟无地农民或城市无产者不同的是，相对富足的自耕农更信奉凭借自己的努力过上好的生活，而不是

---

① 18世纪末到19世纪末、20世纪初，美东居民向美西地区迁移，并进行开发的群众性运动。

仰仗再分配与福利国家。这也是美国个人主义精神一直比较兴盛的社会背景。

拉丁美洲大庄园制的政治后果

拉丁美洲国家的土地制度就完全不同了。尽管拉丁美洲各国、各时期的土地制度并不完全一样,但总体上都以大庄园制为主。这种制度的特点是土地分配悬殊,少数大庄园主占有全国大部分土地,普通农民拥有占比极低的土地。比如,1850年前后,拉丁美洲国家93%左右的家庭都不拥有土地。要知道,这个时期的拉丁美洲可还是一个农业社会呢。

与之相对的是,大庄园主拥有的土地之多可能超乎你的想象。比如阿根廷,1850年前后,布宜诺斯艾利斯最大的地主拥有160万英亩土地,也就是大约6500平方公里的土地。而今天上海市的城区加郊区面积也不过才6340平方公里。再比如智利,1930年,占全国人口比重不足1%的600个大庄园主,占有全国62%的土地;1950年,大约10%的土地拥有者,占有全国86%的土地。这些数据都是惊人的。

与这些大庄园主相比,拉丁美洲的大部分农民由于没有自己的土地,要么在大庄园做雇农,要么只能以不菲的成本租种大庄园主的土地。通常情况下,这只能勉强糊口,日子过得相当艰辛。

如果这些普通民众在政治上无权也就罢了，但到了20世纪，很多拉丁美洲国家都启动了民主转型，投票权逐渐普及。以智利为例，1950年，仅有几十万富人拥有投票权。但到1970年，新增加了300万普通男性选民。这些新选民大多都是不拥有土地的底层民众。于是，普通民众在政治上产生了激进的改革诉求。他们不仅希望选出自己的代表，还要求对社会财富，特别是对土地进行再分配。

这样一分析，我们也就容易理解，为什么拉丁美洲的民主化往往伴随着民粹主义的崛起，为什么拉丁美洲的左翼政党会格外深入人心。从20世纪中叶阿根廷兴起的庇隆主义①，到20世纪70年代智利崛起的阿连德派，再到20世纪90年代委内瑞拉出现的查韦斯左翼民粹政权，背后都有着相似的逻辑。[101]

不过，激进左翼的崛起一定会带来新的问题。如果民主意味着再分配，甚至是财产征收，富人阶层会怎么想？他们会宁可不要这样的民主。而军官集团更多来自富有阶层，更容易跟富人结盟。结果就是，当民主演变为激进的社会革命时，军事政变就上演了。

这就是拉丁美洲国家从民主走向激进改革、继而引发军事政变的常见逻辑。而这种模式的起点，可以追溯到高度不平等的土

---

① 这是阿根廷前总统胡安·庇隆提出的政治主张，核心原则可概述为"正义主义的二十条真理"，将"正义主义"视为区别于资本主义与共产主义的"第三立场"，主张建立拥有"政治主权、经济独立、社会正义"的阿根廷。

地制度。这一点，跟美国恰好形成鲜明的对比。

拉美国家的变化因何发生

不过，20世纪80年代以来，在拉丁美洲国家最新一轮的民主转型中，多数国家并没有再重复过去的模式。如今，国际上一般认为，智利、哥斯达黎加、乌拉圭等国已实现民主巩固，巴西、阿根廷、秘鲁等国大致上拥有了虽有瑕疵，但基本尚可接受的民主政体。这种变化是如何发生的？大概有两个主要原因。

第一，很多拉丁美洲国家的政治家与选民经历过过去的民主失败，也从这种失败的经历中学到了很多。比如，很多人意识到，再分配斗争的激进化极易导致民主的垮台。既然如此，左翼政治力量的诉求就变得更温和了。

第二，随着工业化的推进，土地在财富和收入来源中的比重已大大下降；相反，工商业资本和流动资产变得越来越重要。这样一来，土地分配不平等所带来的负面效应就相对降低了。

当然，必须承认的是，拉丁美洲至今仍然是全球贫富差距最大的地区。至于随着民主的深化，未来拉丁美洲的政治分歧是否还会被激化，我们只能静观其变了。

◇◇◇

从这一节的内容,我们可以获得一个重要启示:**民主固然是个好东西,但在不同的社会结构下,民主会呈现完全不同的运作方式**。民主究竟是温和、有节制且导向善治,还是激进化、暴力化且导向混乱,往往跟民主背后的社会结构有关。特别是财富上的严重不平等结构,容易导致严重的政治分歧,使民主运作遇到更多困难,甚至偏离民主本来要达成的目标。

结语

思维模式与政治经验

本书前面的内容，主要解读了政治学的五个专题模块，关注的是政治学领域的许多专门知识。而这一部分是全书的总结性内容，不再关注政治学的专门知识，而是从思维模式和政治经验两方面来对全书的内容做一个简要总结。

前者主要关心政治学思维模式的独特性。为什么说政治学的思维模式不同于经济学和其他学科？政治学的思维模式究竟有何特点？

后者主要关心对人类政治经验的总体把握。我们尽管无法穷尽人类政治的所有重要细节，但是，其中最重要的经验或法则是什么呢？我们可以从中学到何种政治经验呢？

思维

如何像政治学家一样思考

经济学里有一句著名的行话,叫"要像经济学家一样思考",强调经济学思维模式的与众不同。那么,政治学能说"要像政治学家一样思考"吗?当然可以,政治学也有一套自成一体的思维模式。

比如,以研究的问题来说,经济学是研究资源配置的学问,但政治学其实也研究资源配置。回到真实的社会,我们会发现,通过权力配置的资源并不比通过市场配置的资源少。因此,经济学不能解释的很多现象,就要靠政治学来解释。

再比如,以研究的假设来说,经济学大厦的第一块基石是"理性人假设",它假定人要追求利益最大化,但其实人性中还有另一股力量,那就是追求对人的支配权最大化和影响力最大化。政治学往往更强调这个因素,并把人对权力的追求看成社会发展的重要驱动力量。

那么,内行讨论政治和外行讨论政治到底有什么不同?最重要的区别在于,他是否掌握了现代政治学的基本思维模式。接下来,我们来看看现代政治学都有哪些思维模式。

国家思维

外行容易把政治等同于宫廷政治,但内行更关注宫廷政治背后的国家问题。现代政治学的第一个基本思维模式,就是重视对国家的分析。

在古代,宫廷是政治活动的重要发生地,但并不是唯一的政治活动发生地。比如,唐朝初年发生的玄武门之变是宫廷政治的高潮,也是兄弟相残最血腥的时刻。但引发这一宫廷政变的原因,不完全发生在宫廷之内。关于皇位继承的国家制度,李世民、李建成兄弟打天下所积累的军功,他们各自实际掌握的兵权,以及在高级官僚集团中的政治联盟,都是这场宫廷政变的关键因素。可见,决定宫廷政治的力量,很多都在宫廷之外。

到了明朝初年,朱棣要夺建文皇帝的大权时,靠的就更不是宫廷政治了,而是直接诉诸内战。当战争或其他因素决定国家权力归属时,宫廷就退居第二位了。

因此，宫廷背后的国家才是政治的核心。就像经济学最关注市场，政治学研究的核心问题就是国家。

那么，关于国家，政治学为我们提供了何种洞见呢？政治学思维强调的是，**国家几乎是解决一切社会问题的前提**。英国政治哲学家霍布斯说，如果没有国家，社会就会陷入"每个人对每个人的战争状态"。本书前面也讨论过，完全意义上的"每个人对每个人的战争状态"只是霍布斯推导出来的一种情形，但如果考察索马里、阿富汗、南苏丹这样治理不善、暴力冲突频仍，甚至分崩离析的国家，我们就更容易理解国家与有效国家的重要性。

国家还意味着权力关系的强制性。这完全不同于市场领域的平等交易关系。比如，无论国家提高社保费率，还是推迟退休年龄，都对所有人具有强制力，谁都无处可逃。

进一步说，正是因为如此，国家还是很多重大问题和重大现象背后的根本原因。比如，一个社会是繁荣还是衰退，往往是经济学家最关心的问题。而政治经济学家道格拉斯·诺思说："国家的存在对于经济增长来说是必不可少的；但国家又是人为的经济衰退的根源。"[102] 连经济学家都承认，经济繁荣与否的关键在于有一个什么样的国家。

权力思维

外行对政治还有一种误解，那就是容易把政治等同于权力斗争,以为政治学就是权术之学。但实际上,内行关心的不只是权力斗争,更是权力的系统。现代政治学的第二个基本思维模式,就是重视对权力的分析。

"民间政治学"最津津乐道的,是在《汉武大帝》中,刘彻如何一步步登上皇位;是在《甄嬛传》中,甄嬛如何在复杂的宫廷关系中生存下来,避免活不过两集的命运;是在美剧《纸牌屋》中,男主角安德伍德如何不择手段地坐上总统宝座。

权术受到广泛关注是完全可以理解的。然而,现代政治学与其说关心权力斗争的策略,不如说更关心权力背后的制度与逻辑。现代政治学的三大基本问题——谁来统治?如何统治?为谁统治?——其实都跟权力有关。

那么,关于权力,政治学为我们提供了怎样的洞察呢?政治学思维强调的是,**权力需要有效管理社会,同时社会需要有效控制权力**。这个道理看起来很简单,却很重要。权力不能管理社会,社会就会陷入内乱;社会不能控制权力,权力就会走向失控。

权力还必然涉及谁统治、谁服从的问题。这个问题再进一步,就变成了你凭什么统治、我凭什么服从的问题,这就涉及合法性。如果合法性问题没有解决好,即使像古代秦汉王朝那样强大的国家,也随时可能会发生反叛。

另外,从古代到现代,从东方到西方,权力运作往往有完全不同的规则。比如,奥斯曼帝国早期的皇位争夺战基本是王室兄弟间的殊死搏斗，但现代欧洲国家的最高权力多数都实现了和平转移。权力规则不同，导致的政治后果就会不同。

因果思维

外行还容易把政治等同于意识形态口号，或者各种简单的政治主张。但内行关心的不纯粹是"主张"，更多的是"解释"，也就是剖析重大政治现象背后的原因。现代政治学的第三个基本思维模式，就是重视因果关系。[103]

政治学不是喊意识形态口号。当然，不仅中国有意识形态宣传，西方国家的公民教育、宪法教育也可以算作一种意识形态宣传。只是它们的内容不同，目标也不一样。

跟政治口号相比，现代政治学更关注政治领域发生了什么、如何发生的，以及为什么会发生。其中，关注为什么会发生，就是强调因果思维。

在这种思维方式中，政治学的核心任务是解释各种政治现象背后的原因。比如，越来越多的国家在总统选举中采取两轮多数制，这是为什么？其实，这个现象背后有三个环环相扣的因果机制：一是第二轮过半数提高了总统的合法性，二是这样有利于塑造更大的共识，三是有利于塑造政党联盟。这就是因果解释。

强调因果思维，还意味着现代政治学以解释现实作为重点，而非贩卖廉价的政治希望。自古以来,人类在政治领域的最大烦恼之一,是无数人认为政治应该如何——这当然很重要,但问题是,现实政治常常不是人们认为的应该如何。所以,很多人就会对政治感到失望。

因果思维认为,当现实政治偏离政治理想时,批判固然是必要的,但更需要回答的是,这种令人不满,甚至有些不堪的政治,到底是如何造成的?影响它的变量都有哪些?实际上,政治的真正改善往往有赖于这些重要变量的改变。我们经常说的变量思维,其实不过是因果思维的副产品。

特别需要强调的是,某些貌似不合理的政治现象背后,往往存在一个较为隐秘的原因。这也是政治学的因果思维为我们带来的强大思考能力。比如,为什么政府干预未必有效,而政治家还是会选择干预呢?因为政治家要让选民看到,他们正在为选民努力工作。我们前面分析过美国政府"关门"事件背后的制度原因。如果换一个视角,在有些情况下,总统只要做出让步就能避免政府"关门",但为什么他还是选择不让步呢?因为总统倾向于认为,一旦政府"关门",白宫就可以通过新闻媒体的传播,让反对党背上更大的政治包袱。换句话说,总统希望美国公众能形成一个印象——正是反对党的恶意阻挠,导致了美国政府无法运转。这样一来,当谈判重启时,总统只需做出较少让步,就能达成协议。这是美国政府"关门"事件背后的另一种可能的因果机制。所以,因果思维其实为我们剖析复杂的政治现实提供了一把精致的手术刀。

◇◇◇

经济学的力量在于它的专业化，政治学的力量也在于它的专业化。早在 1776 年，经济学家亚当·斯密就讨论过专业分工的巨大价值。就像很多人都会弹一点钢琴，但想成为钢琴演奏家还需要经过专门训练一样，政治学也不例外。似乎人人都懂点政治学，但要想成为政治学家，同样需要经过专门训练。不过，如果掌握了国家思维、权力思维和因果思维这三种基本的思维模式，你大概就能做到"像政治学家一样思考"了。

法则

人类历史提供了何种政治经验

行文至此,我们以这本书为载体的政治学之旅就快要走到终点了。尽管这本书只有薄薄的 200 多页,但它涉猎的议题、理论与知识还是相当之广的。在全书的最后,我无力对全书的关键点进行串讲,但我们可以尝试总结一下人类历史上的政治经验,我将其称为五条关键的政治法则。

法则一:有效统治是人类社会的必需

人类历史上最重要的一条政治法则是,"有效统治是人类社会的必需"。凡人类群居的地方,就必须被统治。我将这条法则称为"政治学第一定律"。

15—16世纪，意大利分崩离析，其富有的城邦接连被当时的欧洲强权（法国、西班牙和神圣罗马帝国）征服或占领。面对这样的局面，当时佛罗伦萨的政治家、思想家马基雅维利敏锐地意识到，意大利的出路在于建立一个更加强有力的国家，而一个强有力的君主是建立强有力的国家的前提。于是，在佛罗伦萨郊区的一个农场，处在人生低谷、几乎是一个政治流亡者的马基雅维利，靠着一盏昏暗的油灯，开始了《君主论》的写作。[104]

一个世纪以后，英国政治家、哲学家托马斯·霍布斯写出了《利维坦》，认为唯有依靠一个有效的国家，才能终结"每个人对每个人的战争状态"。

又差不多过了一个世纪，美国人因为受制于邦联体制的软弱无力，决定制定新宪法，目标是建立一个强有力的联邦政府。

所有这些思考，指向的都是有效统治是人类社会的必需。那么，如何才能建立起一个有效的国家呢？

这就涉及国家建构这个大问题。一般来说，国家建构是物理过程和心理过程的合一。物理过程，主要包括建立起能垄断暴力的军队、一体化的官僚体系与有效的税收系统。心理过程，主要是指在国民中普遍地塑造国家认同。

早在20世纪之前，发达国家就已经完成了现代国家的建构。但对于索马里、阿富汗、南苏丹这样的落后国家来说，能否建立一个有效的国家仍然是它们面临的首要问题。

结语 思维模式与政治经验 | 229

法则二：权力必须受到约束

与"有效统治是人类社会的必需"配套的是第二条法则——权力必须受到约束。国家和权力固然是必需的，可一旦权力被滥用，就会给社会带来无穷无尽的苦难。所以，必须把权力关进制度的笼子。我将这条法则称为"政治学第二定律"。

权力不受约束所带来的社会问题比较容易理解。但实际上，除了对社会不利，权力不受约束对掌权者自身也未必有利。拿拜占庭帝国来说，帝国皇帝的政治权力是无比巨大的，基本上不受法律约束。因为在君主统治模型之下，皇帝的意志就是法律。尽管皇帝看上去无所不能，但从公元395年到1453年，在拜占庭帝国总共107位皇帝中，仅有34位正常死亡，9位死于战争或事故，其余64位要么被迫退位，要么死于毒杀或刺杀等。[105] 可见，如果权力完全不受约束，对权力的争夺就特别容易变成一场殊死搏斗。对掌权者来说，这自然不是什么好事。

从思想上看，自约翰·洛克以来，很多思想家都以不同方式阐述了约束权力的重要性。从实践上看，自英国于1215年签署《大宪章》，到美国于1787年制定宪法，政治制度设计的一个主要目标就是约束权力。

前面讲过，迄今为止，为了约束权力，人类主要做出了三项政治发明：一是用宪法和法治的办法来约束权力；二是用民主和投票的办法来约束权力；三是用分权制衡的办法来约束权力。从具体操作来看，发达国家也是花了很长时间才逐渐摸索出这套政治发明的。而对发展中国家来说，这套制度绝不是靠简单移植就能成功的，必须有一个自我建设和集体学习的过程。

法则三：好制度使坏人变好，坏制度使好人变坏

第三条法则是：好制度使坏人变好，坏制度使好人变坏。这个说法当然是有道理的，但事情并没有这么简单。

制度很重要，这一点毋庸置疑。对处在某个职位上的政治家来说，如果制度不赋予他适当的权力，他就做不成什么事情；如果制度赋予他过大的权力，就容易放纵他、败坏他。所以，掌权者或好或坏的实际表现，往往是由制度提供的激励结构所决定的。这都说明了制度的重要性。

君主制与民主制的差异是显而易见的。但即便同样是民主制，具体制度设计的不同也会带来很大的差异。正如第四章讲过的，同样是民主制，英国不会发生政府"关门"的情况，美国却频频发生，其原因就在于美国是总统制模式，而英国是议会制模式。这也说明了制度的力量。

当然，制度的问题不仅在于制度设计本身，还在于制度是怎么来的，以及是怎么运作的。只要不是外部强加的，它就一定是政治博弈的产物。无论是1787年《美国宪法》，还是1912年《中华民国临时约法》，都是如此。既然制度是由人创设的，那

么，与其抽象地问一个社会能否拥有一套好制度，不如问这个社会的政治精英能否凭借自己的政治思考创设一套好制度。

制度创设之后，它的运行也是一个问题，因为任何制度都是由人来操作的。比如，不少国家在转型时很容易制定出一部新宪法，但这样的宪法又很容易被抛弃，此类故事在不同国家反复上演着。因此，制度究竟如何，还依赖于人们是如何操作的。

法则四：分歧与冲突是人类政治的永恒主题

第四条法则是：分歧与冲突是人类政治的永恒主题。如果接受人类本身的不完善性，你就会同意，这个世界恐怕不会存在完美的乌托邦，也不会存在理想化的世外桃源。

其实，人类真实的政治始终充满分歧与冲突。而当今这个世界最常见的分歧，主要来自阶级、身份认同与意识形态。[106]

贫富阶级的分化，古已有之。而且，我们很难彻底消除这种分化。拿征税来说，富人和穷人的观点就从来不一样。通常来说，富人往往不喜欢高税率，特别是反对超额累进税率的所得税，因为这往往意味着他们的纳税负担较重。但穷人往往纳税较少，特别是缴纳的所得税较少，所以他们一般不会反对超额累进税率的所得税。他们甚至认为，富人多纳税，就会增加国家财政收入，从而提高国家通过转移支付向穷人提供社会福利的能力。

身份认同，主要是指来自不同族群和宗教的人往往政治认同不一样。美国政治学家塞缪尔·亨廷顿举过一个例子，有一次美国球队与墨西哥球队在洛杉矶进行比赛，现场的很多美国新移民纷纷给墨西哥球队呐喊助威，因为他们来自墨西哥或者拉丁美洲国家。这就涉及公民个体的政治认同问题。[107]

意识形态分歧，直接来自政治观念上的差异。有人主张有限政府和自由市场，有人主张更大的政府和更多的干预。当面对有关社会福利政策的多种选择时，这两个群体永远都会表达不同的主张。

所有这些分歧，几乎没有哪一个社会能完全消除。差别在于，有的社会能管控不同群体的政治分歧，从而使这种分歧控制在可控的范围内；有的社会则无法管控不同群体的政治分歧，进而导致严重的政治冲突，甚至暴力事件与内乱。

当然，对一个社会来说，冲突并不全然都是坏事。比如，英格兰议会就源自贵族与国王之间的冲突，普选权就源自工人阶级与社会精英之间的冲突。这些政治发明最初都是作为政治冲突的解决方案而出现的。

法则五：观念是塑造政治的重要力量

第五条法则是：观念是塑造政治的重要力量。当代政治分析的主流，是重视利益对政治的塑造。然而，除了利益，观念的角色也相当重要。

对于观念在塑造政治方面的重要性，一个经典论述来自著名经济学家凯恩斯。他发现，经济学家和政治哲学家的思想比一般人所设想的更有力量。而且很多政治家执政时，其思想资源往往就来自上一代思想家。所以，凯恩斯有一个著名的观点——活着的政治家往往是已故的经济学家或哲学家的思想奴隶。[108] 这种说法有点夸张，但不无道理。

进一步说，无论是对现实政治的看法，还是有关如何改善现实的观点，往往都取决于一个人的认知。一般的观点是，政治决策的起点是事实。但在我看来，政治决策的起点并非事实，而是决策者对事实的认知。这也说明了观念的重要性。

◇◇◇

思考政治问题，我们常常要在复杂性与简洁性之间找平衡。简洁的理论往往更注重主线和原则，复杂的理论往往更注重情境和匹配条件。如果你来问我，人类迄今为止都有哪些政治经验，我大可写几本专著向你做一个报告。但如果你说自己时间有限，也记不住太多细节，我就只能给你讲以上五条最重要的政治法则，希望能够对你有用。

感谢你选择这本书，也感谢你跟我一起走完了这段政治学之旅。谢谢你，我们以后再见！

参考文献

序章　重新认识政治学

1　〔美〕科林·伍达德：《海盗共和国：骷髅旗飘扬、民主之火燃起的海盗黄金年代》，许恬宁译，社会科学文献出版社 2016 年版。

2　Marcus Rediker, *Between the Devil and the Deep Blue Sea*, Cambridge University Press, 1987.

3　〔美〕科林·伍达德：《海盗共和国：骷髅旗飘扬、民主之火燃起的海盗黄金年代》，许恬宁译，社会科学文献出版社 2016 年版。

4　关于失败国家的一项代表性研究，参见：Robert I. Rotberg (ed.), *When States Fail: Causes and Consequences*, Princeton University Press, 2010.

5　关于美国建国历程的政治情境，参见：〔美〕戈登·S. 伍德，《美利坚共和国的缔造：1776—1787》，朱妍兰译，译林出版社 2016 年版。

6　华盛顿的原话是："我们有错误需要改正……如果不施以强制力量，人们是不会采纳和施行为他们自己的利益精心制定的措施的。如果不设立某种权力机构，使它能够在全国范围内实施各州政府在各州所具有的那样有效的权威的话，我不认为我们作为一个国家能够长久存在。"〔美〕约翰·罗德哈梅尔选编：《华盛顿文集》，吴承义等译，辽宁教育出版社 2005 年版。

7　华盛顿的原话是："还有什么比这些骚乱更能证明我们政府的无能呢？如果没有一个权力机构来制止这些骚乱，个人还能有什么生命、自由或财产的保证呢？……一个松散、低效的政府所带来的后患已经太过明显……而一个自由、充满活力的宪法，如果得到保护和密切的守卫，使人无法侵犯它，将能使我们重新得到我们应该得到且极有希望得到的尊重和影响。"〔美〕约翰·罗德哈梅尔选编：《华盛顿文集》，吴承义等译，辽宁教育出版社 2005 年版。

8　〔美〕詹姆斯·麦迪逊：《辩论：美国制宪会议记录》，尹宣译，译林出版社 2014 年版。

9　Zachary Elkins，Tom Ginsburg and James Melton，*The Endurance of National Constitutions*，Cambridge University Press，2009.

01　权力如何管理社会

10　〔美〕亚历山大·汉密尔顿、〔美〕约翰·杰伊、〔美〕詹姆斯·麦迪逊：《联邦党人文集》，张晓庆译，中国社会科学出版社 2009 年版。

11　〔英〕霍布斯：《利维坦》，黎思复、黎廷弼译，商务印书馆 1985 年版。

12　〔德〕马克斯·韦伯：《学术与政治》，冯克利译，生活·读书·新知三联书店 1998 年版。原文为："国家是这样一个人类团体，它在一定疆域之内（成功地）宣布了对正当使用暴力的垄断权。"

13　〔美〕查尔斯·蒂利：《强制、资本和欧洲国家（公元990—1992年）》，魏洪钟译，上海人民出版社2021年版。

14　陈曦译注：《吴子·司马法》，中华书局2018年版。原文为："与诸侯大战七十六，全胜六十四，余则钧解。"

15　关于奥斯曼帝国的苏丹继承制度，参见：〔英〕帕特里克·贝尔福，《奥斯曼帝国六百年：土耳其帝国的兴衰》，栾力夫译，中信出版集团2018年版。

16　关于相关的历史文献，参见：〔明〕张居正，《张居正奏疏集》（上），潘林编注，华东师范大学出版社2014年版。

17　〔德〕马克斯·韦伯：《经济与社会》（第二卷·上），阎克文译，上海人民出版社2020年版。

18　〔美〕戴维·奥斯本、〔美〕特德·盖布勒：《改革政府：企业家精神如何改革着公共部门》，周敦仁等译，上海译文出版社2021年版。

19　包刚升：《民主崩溃的政治学》，商务印书馆2014年版。

20　Paul Collier, Anke Hoeffler and Nicholas Sambanis, "The Collier-Hoeffler Model of Civil War Onset and the Case Study Project Research Design," in Paul Collier, Nicholas Sambanis (eds.), *Understanding Civil War: Evidence and Analysis*, Vol. 1, Washington: The World Bank, 2005.

21　Barbara F. Walter, *Committing to Peace: The Successful Settlement of Civil Wars*, Princeton: Princeton University Press, 2002.

22　〔美〕詹姆斯·D.莫罗：《政治学博弈论》，吴澄秋、周亦奇译，上海人民出版社 2014 年版。

02　社会如何控制权力

23　关于雅典城邦民主的基本情况，参见：〔英〕约翰·索利，《雅典的民主》，王琼淑译，上海译文出版社 2001 年版。

24　转引自〔英〕约翰·索利：《雅典的民主》，王琼淑译，上海译文出版社 2001 年版。原始出处参见希腊文英文对照译本：J. L. Marr, P.J. Rhodes (eds.), *The Old Oligarch: The Constitution of the Athenians Attributed to Xenophon*, Oxford: Aris & Phillips Ltd, 2008. 这里引用的"老寡头"的言论，一说真实作者是古希腊历史学家色诺芬，但存有很大的争议。

25　〔法〕托克维尔：《论美国的民主》，董果良译，商务印书馆 2017 年版。

26　〔古希腊〕柏拉图：《理想国》，郭斌和、张竹明译，商务印书馆 2018 年版。

27　有考证指出，陶成道的故事最早源于一名美国工程师在《科学美国人》所发表的文章，参见：John E. Watkins, "The Modern Icarus", *Scientific American*, Vol. 101, No. 14, 1909。潘吉星教授在书中也讨论了这个传说中的故事，参见：潘吉星，《中国火箭技术史稿》，科学出版社 1987 年版。

28 关于罗马共和国政治制度的研究,参见:〔英〕安德鲁·林托特,《罗马共和国政制》,晏绍祥译,商务印书馆 2016 年版。

29 〔古希腊〕波里比阿:《罗马帝国的崛起》,翁嘉声译,社会科学文献出版社 2013 年版。

30 关于罗马共和政体的困境,参见:包刚升,《民主的逻辑》,社会科学文献出版社 2018 年版。

31 〔美〕M. 罗斯托夫采夫:《罗马帝国社会经济史》(上册),马雍、厉以宁译,商务印书馆 1985 年版。

32 格拉古的原话是:"意大利的野兽有洞穴可居,但那些为祖国流过血的勇士只有呼吸的空气和天空的阳光,此外别无他物。他们没有房子,没有固定的家,只能带着妻儿到处流浪。战争一旦打响,将军们就会命令他们为众神守护的家园而战。然而,可怜啊!这些人却没有自己的家园。罗马人为财富而打仗,但财富却归了富人,穷人连一块土地都没有。"参见:〔古希腊〕普鲁塔克、〔英〕F.J. 古尔德,《希腊罗马名人传》,霍彦京译,应急管理出版社 2020 年版。

33 〔美〕弗朗西斯·福山:《政治秩序与政治衰败:从工业革命到民主全球化》,毛俊杰译,广西师范大学出版社 2015 年版。

34 具体的讨论可参见:包刚升,《民主的逻辑》,社会科学文献出版社 2018 年版。

35 J. C. Holt, *Magna Carta*, *3rd Edition*, Cambridge University Press, 2015.

36 关于封建主义的权威研究，参见：〔比〕弗朗索瓦·冈绍夫，《何为封建主义》，张绪山、卢兆瑜译，商务印书馆2016年版；〔法〕马克·布洛赫，《封建社会》（上、下卷），张绪山等译，商务印书馆2004年版。

37 David Hume, *The History of England: From the Invasion of Julius Caesar to the Revolution in 1688*, Vol. V, Liberty Classics, 1983.

38 关于英国近现代政治的演化，参见：〔美〕克莱顿·罗伯茨、〔美〕戴维·罗伯茨、〔美〕道格拉斯·R.比松，《英国史》（上下册），潘兴明等译，商务印书馆2013年版。

39 关于英国当代议会的政治运作，参见：〔英〕罗伯特·罗杰斯、〔英〕罗德里·沃尔特斯，《议会如何工作》（第7版），谷意译，广西师范大学出版社2017年版。

40 〔英〕弗里德里希·奥古斯特·哈耶克：《自由宪章》，杨玉生等译，中国社会科学出版社2012年版。

41 〔美〕布鲁斯·布尔诺·德·梅斯奎塔、〔美〕阿拉斯泰尔·史密斯：《独裁者手册：为什么坏行为几乎总是好政治》，骆伟阳译，江苏文艺出版社2014年版。

42 关于政治社会学视角，参见：〔美〕安东尼·奥罗姆，《政治社会学导论》（第4版），张华青等译，上海人民出版社2014年版。

43 〔美〕弗雷德里克·K.马丁、〔美〕尼克·汉森、〔美〕斯科特·林克、〔美〕罗布·尼可斯基，《格雷厄姆成长股投资策略》，周立秋译，机械工业出版社2020年版。

44 Tatu Vanhanen, *Prospects of Democracy: A Study of 172 Countries*, Routledge, 1997.

45 包刚升：《西方"硬政治"的回归与现实主义的复兴》（上、下），https://www.thepaper.cn/newsDetail_forward_1698738，以及 https://www.thepaper.cn/newsDetail_forward_1698752，2023 年 5 月 8 日访问。

46 关于马歇尔在马伯里诉麦迪逊案中的判决书，参见：任东来、陈伟、白雪峰等，《美国宪政历程：影响美国的 25 个司法大案》，中国法制出版社 2015 年版。关于马伯里诉麦迪逊案的判决书原文，还可参见美国联邦最高法院的相关档案：*Marbury v. Madison*, 5 U.S. 137 (1803), https://supreme.justia.com/cases/federal/us/5/137/，2023 年 5 月 8 日访问。

47 相关研究参见：〔美〕尼尔·戴文思、〔美〕路易斯·费希尔，《民主的宪法》，李松锋译，译林出版社 2015 年版。

48 〔美〕富兰克林·罗斯福：《炉边谈话》，赵越、孔谧译，中国人民大学出版社 2017 年版。

03 制度设计的政治智慧

49 Juan J. Linz, "The Perils of Presidentialism", *Journal of Democracy*, Vol. 1, No. 1, 1990.

50 Scott Mainwaring, "Presidentialism, Multipartism, and Democracy: The Difficult Combination," *Comparative Political Studies*, Vol.26, No.2, 1993.

51 Carlos Pereira, Marcus André Melo, "The Surprising Success of Multiparty Presidentialism," *Journal of Democracy*, Vol. 23, No. 3, 2012.

52 〔美〕约翰·罗德哈梅尔选编：《华盛顿文集》，吴承义等译，辽宁教育出版社 2005 年版。

53 关于政党兴起的研究，参见：〔英〕艾伦·韦尔，《政党与政党制度》，谢峰译，北京大学出版社 2011 年版。

54 〔美〕布鲁斯·布尔诺·德·梅斯奎塔、〔美〕阿拉斯泰尔·史密斯：《独裁者手册：为什么坏行为几乎总是好政治》，骆伟阳译，江苏文艺出版社 2014 年版。

55 关于魏玛民主崩溃的研究，参见：包刚升，《民主崩溃的政治学》，商务印书馆 2014 年版。

56 Maurice Duverger, "Duverger's Law: Forty Years Later," in Bernard Grofman and Arend Lijphart (eds.), *Electoral Laws and Their Political Consequences*, Agathon Press.

57 包刚升：《选举制度的复合化：基于第三波民主化国家的实证研究》，载于《政治学研究》，2019 年第 4 期。

58 关于智利民主的崩溃，参见：包刚升，《民主崩溃的政治学》，商务印书馆 2014 年版。

59 数据来自国际民主与选举援助研究所（International Institute for

Democracy and Electoral Assistance, International IDEA），https://www.idea.int/news-media/media/electoral-systems-presidential-elections，2023 年 5 月 8 日访问。

60　Daniel J. Elazar, "Contrasting Unitary and Federal Systems," *International Political Science Review*, Vol. 18, No. 3, 1997.

61　〔英〕安迪·马里诺：《莫迪传》，杨敏敏译，新世界出版社 2018 年版。

62　关于美国近年不同层级政府收入的情况，参见：The Tax Policy Center, *The Tax Policy Center's Briefing Book: A Citizen's Guide to the Fascinating (though Often Complex) Elements of the US Tax System*, 2019, https://www.taxpolicycenter.org/briefing-book/what-breakdown-revenues-among-federal-state-and-local-governments.

04　政治中的分歧与冲突

63　〔英〕亚当·斯密：《国富论》，郭大力、王亚南译，商务印书馆 2015 年版。

64　〔英〕约翰·密尔：《论自由》，顾肃译，译林出版社 2010 年版。

65　〔英〕约翰·密尔：《论自由》，顾肃译，译林出版社 2010 年版。原文为："本文的主题不是所谓的'意志之自由'，即不幸与那个被不当地称呼为哲学必然性的学说相对立的东西；而是公民自由或社会自由，即社会可以合法地施加于个人的权力之性质和界限。"

66 〔英〕弗里德里希·奥古斯特·冯·哈耶克：《通往奴役之路》，王明毅、冯兴元等译，中国社会科学出版社 2022 年版。

67 〔美〕丹尼尔·耶金、〔美〕约瑟夫·斯坦尼斯罗：《制高点：重建现代世界的政府与市场之争》，段宏等译，外文出版社 2000 年版。

68 〔美〕穆雷·N. 罗斯巴德：《美国大萧条》，谢华育译，海南出版社 2017 年版。

69 〔美〕穆雷·N. 罗斯巴德：《美国大萧条》，谢华育译，海南出版社 2017 年版。

70 Benjamin Franklin, *Political, Miscellaneous, and Philosophical Pieces*, J. Johnson, 1779.

71 〔英〕马尔萨斯：《人口原理》，朱泱等译，商务印书馆 1992 年版。

72 William Beveridge, *Social Insurance and Allied Services*, HMSO, 1942. 中译本参见：〔英〕贝弗里奇，《贝弗里奇报告：社会保险和相关服务》，劳动和社会保障部社会保险研究所译，中国劳动社会保障出版社 2004 年版。

73 关于撒切尔夫人的政治生平，参见：〔英〕玛格丽特·撒切尔，《唐宁街岁月：撒切尔夫人自传》（上、下册），李宏强译，国际文化出版公司 2009 年版。

74 〔美〕丹尼尔·耶金、〔美〕约瑟夫·斯坦尼斯罗：《制高点：重建现代世界的政府与市场之争》，段宏等译，外文出版社 2000 年版。

75 Margaret Thatcher, "Interview for Press Association (10th Anniversary as Prime Minister)," *The Margaret Thatcher Foundation*, May 3, 1989, https://www.margaretthatcher.org/document/107427. 原文为："If you just set out to be liked, you would be prepared to compromise on anything at any time and you would achieve nothing."

76 经合组织网站公布了经合组织国家政府债务占 GDP 的比重数据，截至 2023 年 5 月，最新数据是 2022 年公布的 2021 年数据，参见：https://data.oecd.org/gga/general-government-debt.htm，2023 年 5 月 8 日访问。

77 〔美〕詹姆斯·M. 布坎南、〔美〕理查德·E. 瓦格纳：《赤字中的民主》，刘廷安、罗光译，北京经济学院出版社 1988 年版。

78 关于公共选择理论，参见：〔英〕丹尼斯·C. 缪勒，《公共选择理论》（第三版），韩旭、杨春学等译，中国社会科学出版社 2010 年版。

79 关于里根政府的新增债务数据，参见：https://fred.stlouisfed.org/graph/?g=k977，2023 年 5 月 8 日访问。

80 关于奥巴马政府的债务数据，参见：Kimberly Amadeo, "US Debt by President: By Dollar and Percentage," https://www.thebalancemoney.com/us-debt-by-president-by-dollar-and-percent-3306296，2023 年 5 月 8 日访问。

81 关于美国移民政治的学术讨论，参见：包刚升，《西方政治的新现实——族群宗教多元主义与西方自由民主政体的挑战》，载于《政治学研究》，2018 年第 3 期。

82 相关数据来自美国国土安全部。

83 这是美国皮尤研究中心 2008 年公布的一组估算数据，参见：https://www.pewresearch.org/hispanic/2008/02/11/us-population-projections-2005-2050/，2023 年 5 月 8 日访问。

84 这是美国皮尤研究中心 2017 年的一项研究和估算，参见：https://www.pewresearch.org/religion/2017/11/29/europes-growing-muslim-population/，2023 年 5 月 8 日访问。

85 〔美〕塞缪尔·亨廷顿：《我们是谁？：美国国家特性面临的挑战》，程克雄译，新华出版社 2005 年版。

86 包刚升：《西方"硬政治"的回归与现实主义的复兴》（上、下），https://www.thepaper.cn/newsDetail_forward_1698738，以及 https://www.thepaper.cn/newsDetail_forward_1698752，2023 年 5 月 8 日访问。

05　发展中国家的政治发展

87 〔英〕洛克：《政府论：论政府的真正起源、范围和目的》（下篇），叶启芳、瞿菊农译，商务印书馆，2011 年；〔法〕孟德斯鸠：《论法的精神》（上卷），许明龙译，商务印书馆 2012 年版。

88 关于国家理论，参见：〔美〕彼得·埃文斯、〔美〕迪特里希·鲁施迈耶、〔美〕西达·斯考克波编，《找回国家》，方力维等译，生活·读书·新知三联书店 2009 年版。

89 关于发展中世界国家构建的讨论，参见：〔美〕弗朗西斯·福山，

《国家构建：21世纪的国家治理与世界秩序》，郭华译，上海三联书店 2020年版。

90　关于和平基金会脆弱国家指数（Fragile States Index, FSI）2022年的年度报告，参见：https://fragilestatesindex.org/wp-content/uploads/2022/07/22-FSI-Report-Final.pdf，2023年5月8日访问。

91　关于刚果（金）和蒙博托的研究，参见：Mabiengwa E. Naniuzeyi, "The State of the State in Congo-Zaire: A Survey of the Mobutu Regime, " *Journal of Black Studies*, Vol. 29, No. 5, 1999.

92　〔日〕盐野七生：《皇帝腓特烈二世的故事》（上），田建国、左翼译，中信出版集团2018年版。

93　〔美〕道格拉斯·C. 诺思：《经济史上的结构和变革》，厉以平译，商务印书馆2011年版。

94　Adam Przeworski, Michael E. Alvalrez, José Antonio Cheibub and Fernando Limongi, *Democracy and Development: Political Institutions and Well-Being in the World, 1950-1990*, Cambridge University Press, 2000.

95　Jonathan Krieckhaus, "Democracy and Economic Growth: How Regional Context Influences Regime Effects, " *British Journal of Political Science*, Vol. 36, No. 2, 2006.

96　胡适：《中国无独裁的必要与可能》，载于《独立评论》（第130号），1934年12月9日。

97　关于以理性选择理论来理解政治家的行为，参见：〔英〕丹尼斯·C.缪勒，《公共选择理论》（第3版），韩旭、杨春学等译，中国社会科学出版社2010年版。

98　包刚升：《民主的逻辑》，社会科学文献出版社2018年版。

99　关于美国与拉丁美洲发展差距的比较研究，参见：〔美〕弗朗西斯·福山编，《落后之源：诠释拉美和美国的发展鸿沟》，刘伟译，中信出版集团2014年版。

100　朱庭光主编：《外国历史大事集·近代部分·第一分册》，中国社会科学出版社2017年版。

101　关于拉丁美洲的土地制度等与民粹主义和政治发展关系的研究，参见：Steven Levitsky, Kenneth M. Roberts, *The Resurgence of the Latin American Left*, Johns Hopkins University Press, 2011.

结语　思维模式与政治经验

102　〔美〕道格拉斯·C.诺思：《经济史上的结构和变革》，厉以平译，商务印书馆2011年版。

103　关于因果思维的社会科学研究方法作品，参见：Henry E. Brady, "Causation and Explanation in Social Science, " in Janet M. Box-Steffensmeier, Henry E. Brady and David Collier (eds.), *The Oxford Handbook of Political Methodology*, Oxford University Press, 2008.

104　〔意〕尼科洛·马基雅维里：《君主论》，潘汉典译，商务印书馆

2017年版。

105 〔英〕塞缪尔·E. 芬纳:《统治史（卷二）：中世纪的帝国统治和代议制的兴起——从拜占庭到威尼斯》,王震译,华东师范大学出版社2014年版。

106 关于社会分裂与政治分歧的研究,参见：〔美〕西摩·马丁·李普塞特,《共识与冲突》（增订版）,张华青等译,上海人民出版社2011年版。

107 〔美〕塞缪尔·亨廷顿：《我们是谁？：美国国家特性面临的挑战》,程克雄译,新华出版社2005年版。

108 〔英〕约翰·梅纳德·凯恩斯：《就业、利息和货币通论》（重译本）,高鸿业译,商务印书馆2021年版。原文为："经济学家和政治哲学家们的思想,不论它们在对的时候还是在错的时候,都比一般所设想的要更有力量。的确,世界就是由它们统治着。讲求实际的人自认为他们不受任何学理的影响,可是他们经常是某个已故经济学家的俘虏。在空中听取灵感的当权的狂人,他们的狂乱想法不过是从若干年前学术界拙劣作家的作品中提炼出来的。"

图书在版编目（CIP）数据

包刚升政治学讲义 / 包刚升著. -- 北京：新星出版社, 2024.3（2024.4 重印）
ISBN 978-7-5133-5535-3

Ⅰ.①包… Ⅱ.①包… Ⅲ.①政治学 – 通俗读物
Ⅳ.① D0-49

中国国家版本馆 CIP 数据核字 (2024) 第 042011 号

包刚升政治学讲义

包刚升　著

责任编辑	汪　欣		封面设计	周　跃
策划编辑	师丽媛　王青青		版式设计	李晓红
营销编辑	李君麟　lijunlin@luojilab.com		责任印制	李珊珊
	吴　思　wusi1@luojilab.com			

出 版 人	马汝军
出版发行	新星出版社
	（北京市西城区车公庄大街丙 3 号楼 8001　100044）
网　　址	www.newstarpress.com
法律顾问	北京市岳成律师事务所
印　　刷	北京盛通印刷股份有限公司
开　　本	880mm×1230mm　1/32
印　　张	8.25
字　　数	163 千字
版　　次	2024 年 3 月第 1 版　2024 年 4 月第 2 次印刷
书　　号	ISBN 978-7-5133-5535-3
定　　价	69.00 元

版权专有，侵权必究；如有质量问题，请与发行公司联系。
发行公司：400-0526000　总机：010-88310888　传真：010-65270449